KB045533

공부머리를 완성하는

초등 글쓰기

공부머리를 완성하는

초등 글쓰기

쓰면서 배우고 쓰면서 생각한다

남미영 지음

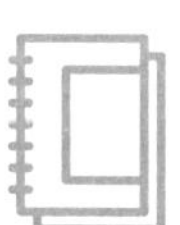

21세기북스

쓰면서 배우고 쓰면서 생각한다

21세기 교육이 글쓰기에 열광하는 까닭

과거 수렵 시대에는 힘 센 사람이 부를 가졌다. 힘 센 무사가 천하를 통일했다. 농경 시대의 부는 토지에서 나왔다. 땅에서 나온 농작물이 부를 가져다 주었다. 산업 시대의 부는 기술에서 나왔다. 공장에서 찍어낸 물건들이 부를 만들어 내었다. 그리고 현재, 21세기 지식정보화 시대의 부는 두뇌에서 나온다. 반짝이는 아이디어 하나가 수만 평의 땅보다 가치 있고, 수백 개의 공장보다 더 높은 경제적 가치를 창출한다.

이런 시대적 가치 변화에 따라 OECD는 '21세기에 학교가 꼭 가르쳐야 할 핵심 능력 네 가지'를 선정했다. 비판적 사고력, 판단력, 창의적 문제해결력, 글쓰기가 그것이다. 이 네 가지 능력이 지식정보화 사회, 4차 산업 혁명 시대를 살아가는 현대인에게 가장 필요한 능력이라고 말했다. 그래서 21세기로 들어서면서 세계 각 나라는 글쓰기 교육에 혼신의 노력을 기울이고 있다.

글쓰기의 힘은 초등학교에서부터 위력을 발휘한다. 초등학교와 중·고등학교의 시험은 점차 선다형에서 서술형으로 바뀌고 있다. 이제 단편 지식을 기억하는 것만으로 알고 있음을 인정받는 시대는 갔다. 아는 것을 글로 풀어쓸 수 있어야 인정받는 시대가 되었다. 2022년이면 서술형 평가가 90% 이상을 차지하게 된다. 앞으로 앎과 지식을 인정받기 위해 학생들의 글쓰기 능력은 한층 더 중요해질 것이다.

그뿐 아니다. 대학에 입학하면 교수에게 지식과 앎을 증명하기 위해 리포트를 잘 써야 하고, 졸업하고 나면 취업이라는 바늘구멍을 통과하기 위해 자신을 증명하는 자기소개서를 잘 써야 한다. 그리고 사회에 나가서는 직장에서 살아남기 위해 기획서와 보고서를 잘 써야 한다. 이제, 글쓰기 능력의 차이가 사회·경제적 위치를 결정하는 시대가 되었다. 그야말로 글쓰기가 밥 먹여 주는 시대가 온 것이다. 21세기 4차 산업 혁명 시대를 성공적으로 살아가기 위해서 글쓰기는 이제 피할 수 없는 삶의 기술이 되었다.

글쓰기는 공부머리를 튼튼하게 만든다

글쓰기 과정은 곧 생각하는 과정이다. 글쓰기는 머릿속에 저장된 한 편의 완결된 글 뭉치를 술술 풀어내는 과정이 아니다. 정반대다. 머릿속에 들어 있는 단편 지식이나 생각의 조각들을 선택하고, 붙이고, 뭉쳐서 한 편의 글 뭉치를 창조해 내는 과정이다.

글을 쓰려는 순간부터 완성하기까지 우리는 생각의 터널 속에서 활동하게 된다. 두뇌 속에 들어있는 단편 지식이나 생각들을 생각의 작업대에 올려놓고, 어떻게 조합하고 정리할지, 어떻게 표현할지, 읽는 사람이 어떻게 반응할지까지 생각하며 글쓰기 작업을 한다. 그래서 글쓰기를 하는 동안 몸속의 에너지는 두뇌로 모이고, 신경 세포는 초고속으로 눈부시게 작동한다. 그 결과 생각을 담당하는 두뇌 세포가 단련과 연결을 통해 확장되고 튼튼해진다. 이 과정은 이해력, 요약 능력, 판단력, 창의력, 융합적 사고력 등이 필요한 공부 과정과 동일하다. 그래서 각급 학교들은 최고의 공부머리가 요구되는 4차 산업 혁명 시대에 독서와 글쓰기 교육을 최우선으로 꼽고 있다.

그런데 쓰기를 담당하는 신경 세포는 평생에 걸쳐 발달하는 게 아니다. 4~5세경부터 발달하기 시작하는 인지와 표현의 신경 세포는 12세쯤에 완성된다. 그동안 이 세포들을 사용하지 않으면 두뇌는 필요 없는 세포라고 판단하고 가지치기를 실행하여 제거해 버린다. 그래서 초등학교 시절에 글쓰기 능력을 충분히 길러 주지 않으면 그 후에는 더 많은 노력을 들여도 효과가 미미할 수밖에 없다.

이제, 생활 속에서 완성되는 즐거운 글쓰기가 필요하다

2000년 이후에 태어난 어린이, 청소년들은 '완결된 한 편의 글쓰기'를 두려워한다. 스마트폰 화면을 톡톡 쳐서 문장을 만들고, 톡쳐서 발송하고, SNS에 짧은 댓글을 다는 글쓰기밖에 경험하지 못했기 때문이다. '메뚜기 글쓰기' 혹은 '가벼운 글쓰기'라고 부르는 이런 글쓰기는 단어 수준의 문장이 대부분이라 완결된 생각이 담긴 글과는 거리가 멀다. 자신의 창조적인 깊은 생각이 담긴 글은 더더욱 아니다.

이런 가벼운 글쓰기만 익힌 아이들은 4차 산업 혁명 시대에 매우 불리한 입장에 서게 된다. 그들은 하버드 대학의 낸시 소머즈 교수가 분석한 것처럼 '자기 생각을 가진 인재가 아니라, 평생 학생이나 관찰자의 위치에서 벗어날 수 없는 사람'으로 살 수밖에 없다. 그래서 세계 교육은 자국의 미래를 짊어질 어린이, 청소년들의 글쓰기를 '가벼운 글쓰기'에서 '생각하는 글쓰기'로 전환하고자 국가적인 노력을 기울이고 있다.

이 책은 이런 시대적 요구에 따라 초등학생들에게 '생각하는 글쓰기 능력'을 길러 주기 위한 지침서다. 가정 생활, 학교 생활, 사회생활 그리고 놀이와 취미 활동을 통해 '생각하는 글쓰기'를 익히고, 공부머리를 튼튼하게 해 주는 방법들을 담았다. 각각의 방법은 실제로 생각하고, 글을 쓰는 데 도움이 되는 구체적인 실행법에 초점이 맞추어져 있다. 그래서 독자 여러분에게 '그냥 읽어 보는 책이 아니라 옆에 놓고 매일매일 실행하는 책'으로 사용해 달라고 부탁하고 싶다.

이 책을 쓰는 동안 연구 활동을 위해 나와 핫라인을 개설하고 있는 300여 명의 선생님과 1,000여 명 학부모님의 도움을 받았다. 그래서 이 책 속에는 그 분들의 경험과 조언이 포함되어 있다. '책은 저자의 것만이 아니라 독자의 것'이라는 평소의 나의 믿음을 다시 한 번 확인하며 감사를 드린다.

2006년에 《우리 아이, 즐겁게 배우는 생활 속 글쓰기》를 출간하여 글쓰기 교육에 대한 나의 연구를 발표한 적이 있다. 그 책은 10여 년 동안 우리나라를 비롯하여 중국과 대만의 교사와 학부모들에게 글쓰기 교육 방법을 전수하는 역할을 해왔다. 이 책은 앞 책의 내용 중 아직도 유효한 부분과 2006년 이후 실험하고 연구한 새 결과들을 한데 모아 새 책으로 다시 꾸민 개정판이다.

끝으로, 이 책이 부모님과 선생님들에게는 '글쓰기 교육의 자신감'을, 아이들에게는 '글쓰기의 즐거움'을 찾아 주는 황금열쇠가 될 수 있기를 기대한다.

2019년, 수지 집필실에서

남미영

차례

공부머리를 완성하는 글쓰기 전략 1단계:

글쓰기가 즐거운 기초 체력 기르기

공부머리를 완성하는 글쓰기 전략 2단계:
하루 15분, 생활 속에서 기르는 글쓰기 습관

공부머리를 완성하는 글쓰기 전략 3단계: 글쓰기의 기초 공사, 문장과 문단 만들기

공부머리를 완성하는 글쓰기 전략 4단계:
맛있고 힘 있는 글을 만드는 글쓰기 기술

공부머리를 완성하는 글쓰기 전략 5단계: 시작에서 완성까지, 글 한 편 완성하기

1장

12살 이전에 글쓰기 능력을 길러야 하는 이유

내 생각을 나보다
잘 표현할 사람은 없다

하버드대학 졸업식장을 찾은 한국인 기자가 과학 부문 박사 학위를 받는 졸업생들에게 물었다.

"지금 당신이 가장 갖고 싶은 능력은 무엇인가요?"

그러자 대부분이 '글 잘 쓰는 능력'을 원한다고 답했다. 하버드대학 박사 학위 대상자라면 노벨상 수상자나 유명 대학 교수가 될 수 있는 능력이라고 말할 줄 알았는데 고작 글 잘 쓰는 능력이라니! 기자가 다시 물었다.

"이유가 뭐지요?"

"글을 잘 써야 연구한 것을 제대로 알릴 수 있으니까요."

그 대답 속에는 '글을 잘 써야 노벨상도 타고 교수도 될 수 있지 않겠느냐?'는 뜻이 담겨 있다.

제아무리 학문적 업적이 뛰어나도 글로 표현되지 못한 업적은 경쟁력이 없다. 글쓰기는 앎의 종착역이다. 글로 쓰지 못한 지식은 내 지식이 아니다. 노벨 생물학상을 받은 피터 도허티 교수도 말한다.

"과학을 연구하려면 글을 쓸 줄 알아야 한다. 글을 잘 쓰는 사람들은 자신의 명확한 생각을 가지고 있다. 반면 글쓰기에 서툰 사람은 생각도 불분명하다."

우리는 누구나 원하는 바를 글로 잘 풀어내기를 원한다. 초등학생이건 대학생이건 무명의 사람이건 유명한 사람이건 마찬가지다. 그래서일까. 서점에 가면 글쓰기 기술을 가르쳐 준다는 책들이 한 코너를 이루고 있다. 그중 몇몇은 1년 내내 베스트셀러에 등극해 있는 것을 보게 된다. 그러나 그런 책을 읽고 당장 글을 잘 쓰게 되었다는 소문은 들은 적 없다.

글쓰기에서 중요한 것은 이론이나 규칙이 아니다. 글 속에 담긴 생각과 실제로 글을 쓰는 능력이다. 어려서부터 차근차근 글쓰기 습관을 기르고, 글쓰기 기초 체력을 길러야 마침내 자신이 쓰고자 하는 글을 쓸 수 있다.

글쓰기란 누가 누구에게 가르쳐 줄 수 있는 기술이 아니다. 글쓰기 실력은 스스로 쓰면서 길러지는 자기 주도적 능력이다. 그래서 글쓰기는 얼렁뚱땅 넘어갈 수가 없는 문제다. 공부라면 과외를 시키고 암기하게 만들 수 있다. 학원에서 찍어 준 예상 문제와 답을 밤새도록 달달 외게 하여 시험 점수를 올릴 수도 있다. 실제로 많은 부모가 이처럼 주먹구구식으로 아이들을 가르친다. 그러나 글쓰기는 임기응변이 불가능하다. 부모의 노력으로 해결할 수 없는 영역이 자녀의 글쓰기 능력 길러주기다. 로봇이 집 안을 청소하고 버튼만 누르면 맛 좋은 요리가 완성되는 세상에 돈으로 안 되는 영역이 있다니!

《태백산맥》을 쓴 조정래는 '사랑하는 아내가 원고지 한 장 대신 써 줄 수 없고, 사랑하는 아들이 마침표조차 대신 찍어 줄 수 없는 게 글쓰기'라며 글쓰기의 고독을 토로한다. 이토록 개인적인 작업에서 내 생각을 나보다 더 잘 표현해 줄 사람이 세상에 또 있겠는가? 글쓰기 능력을 기른다면 평생 동안 자기 생각을 거침없이 표현하는 행복한 사람이 될 것이다.

글쓰기 능력은 유전되지 않는다

"읽기와 쓰기는 자연적인 것도, 타고난 것도 아니다. 6000년 전쯤에 인류가 만들어 낸 비자연적, 문화적 발명품이다. 20년 동안 두뇌를 관찰한 결과 유전적으로 결정된 읽기와 쓰기의 청사진은 없었다."

세계적인 인지신경학자 매리언 울프의 말이다. 우리가 당연시하다 못해 하찮게까지 여기는 읽기와 쓰기 능력은 부모로부터 유전되는 것이 아니라고 말한다. 읽기와 쓰기는 호모 사피엔스의 가장 중요한 후천적 성취 중 하나다. 지금까지 알려진 바에 의하면 다른 종에게는 이러한 능력이 없다. 읽기와 쓰기는 우리 인류의 두뇌에 완전히 새로운 회로를 더해 주었다. 읽기와 쓰기를 습관화하기까지

기나긴 발달 과정은 그 회로의 연결 구조를 더욱 단단하고 탁월하게 꾸며 놓았고, 뇌의 배선을 바꾸었으며, 그와 더불어 인간 사고의 본질에 변화를 일으켰다. 읽기와 쓰기라는 능력 때문에 인류는 생각에 깊이를 더할 수 있었고 오늘날의 눈부신 문명을 낳을 수 있었다.

그런데 간혹 글쓰기 능력이 유전되는 것으로 여기는 사람들이 있다. 그들은 '작가의 자녀는 글을 잘 쓴다. 내가 글을 못쓰는 것은 부모로부터 물려받은 유전 인자가 없기 때문'이라며 한탄하기도 한다. 그러나 이는 사실이 아니다.

일반적으로 화가의 자녀는 그림을 잘 그리고 작가의 자녀들은 글을 잘 쓴다. 그리고 과학자의 자녀는 과학을 잘하고, 수학자의 자녀는 수학을 잘하며, 국어학자의 자녀는 국어 성적이 좋다. 과거에는 이러한 경향을 소질이나 유전으로 설명하는 사람들이 있었다. 그러나 1972년 두뇌 단층 촬영 기술이 발명되어 인간은 모두 1,400억 개 정도의 뉴런을 가지고 태어난다는 사실이 밝혀지면서 이 주장은 힘을 잃었다. 모든 인간은 비슷한 역량의 두뇌를 가지고 태어나지만 자라는 환경과 받는 교육에 따라 우열이 나타난다는 것이 밝혀진 셈이다. 성악처럼 타고난 음성을 가져야 하는 분야나, 스포츠처럼 강인한 체력을 요구하는 경우를 빼고는 모든 능력이 후천적이라는 것을 현대 과학이 밝혀냈다.

일반적으로 부모의 전공이나 직업은 가정에 특별한 분위기를 조성한다. 그래서 아이들은 자연스럽게 부모의 전공이나 직업에 관한 정보와 지식을 다른 아이들보다 일찍 접하게 된다. 어릴 때부터 특정 분야에 대한 배경지식과 이해력이 풍부해지는 것이다. 가정 환경 덕분에 부모 전공의 스키마(외부의 환경에 적응하도록 자신의 환경을 조작하는 감각적·행동적·인지적 지식과 기술)를 기르는 데 유리하므로 다른 아이들보다 출발선이 앞서는 셈이다.

갓 태어난 아기는 어른보다 50배나 더 강력한 감각을 가지고 태어난다. 그리고 세 살까지 이 본능적인 감각을 통해 세상을 학습한다. 이 기간에 자주 사용하지 않은 감각은 필요 없는 것을 솎아 내는 법칙에 의해 가지치기를 당한다.

독서 능력과 글쓰기 능력은 일생 동안 조금씩 길러지는 능력이 아니다. 언어조작기인 4~5세부터 언어지능이 세팅되는 12세쯤에 완성되는 능력이다. 다시 말해 유치원과 초등학교 시절에 길러야 할 능력이다. 이때 세팅된 독서 능력과 글쓰기 능력을 가지고 중학교, 고등학교, 대학교까지 공부하게 되는 것이다.

독서와 글쓰기 능력이 낮은 어린이는 상급 학교로 올라갈수록 공부하는 게 힘들어진다. 점차 학습에 흥미를 잃고 나아가서는 학습 낙오자가 된다. 반대로 어릴 때 독서와 글쓰기 능력을 충분히 기른 어린이는 상급 학교로 갈수록 학습하기가 수월해져 공부가 즐겁다고 말한다.

메타인지 능력을 높이는 가장 쉬운 방법

"앎이란 자신이 무엇을 알고 무엇을 모르는지를 아는 것이다."

3000년 전 공자가 제자들에게 한 말이다. 소크라테스 역시 '너 자신을 알라'며 자신을 파악하는 능력이야말로 앎의 근본이라고 가르쳤다.

메타인지(metacognition)란 공자나 소크라테스의 말처럼 내가 아는 것과 모르는 것을 정확히 파악할 수 있는 능력이다. 즉, 자신의 인지 과정을 객관적으로 관찰하고 발견하여 통제하는 것을 말한다. 인지심리학자들은 '메타인지 능력이 높은 사람은 공부를 잘하고 반듯한 인격을 가졌으며 성공할 가능성이 높다'고 말한다. 따라서 현대 교육은 이 능력을 어린 시절에 길러야 할 필수 능력으로 꼽는다.

2010년 EBS의 교육대기획 팀은 〈학교란 무엇인가?〉라는 프로그램에서 메타인지 능력과 학습 성과 관계를 연구했다. 연구는 성적이 상위 0.1%에 해당하는 우등생과 보통 성적대의 학생을 가르는 요인이 무엇인가를 찾는 실험으로 시작되었다.

그동안 우등생과 보통 성적대의 학생을 가르는 요인으로 지능지수가 꼽혔다. 그러나 이 실험에서는 메타인지 능력이 주요 요인이라는 결과가 나왔다. 먼저 우등생 그룹과 보통 성적대의 그룹에 일정 시간 동안 간단한 단어를 외게 하고 시험을 봤다. 그리고 시험 직전에 자신이 몇 개나 맞힐 수 있을지 예측하게 했다. 자신의 인지 능력이 어느 정도인지를 스스로 판단하게 한 것이다.

그 결과, 상위 0.1% 학생들은 자신이 맞힌 단어 개수를 거의 완벽하게 예측했으나 평범한 학생들은 그러지 못했다. 하지만 실제로 두 집단 학생들이 맞힌 단어 개수는 비슷한 수준이었다. 암기력 등 인지 능력은 비슷하지만 자신의 인지 능력이 어느 정도인지 판단하는 능력에서 차이가 난 것이다. 상위 0.1% 학생들은 보통 성적대의 학생들보다 자신을 아는 메타인지 능력이 높았다.

EBS의 연구는 학습만을 대상으로 했지만, 실제 메타인지 능력은 우리가 살아가는 동안 두루두루 도움을 준다. 친구들과 탁구 시합 내기를 할 때도, 동시에 진행해야 하는 여러 가지 일 중 우선순위를 정할 때도 메타인지 능력이 작용한다. 그리고 메타인지 능력이 높을수록 의사 결정이 원활하고 성공적인 결과를 얻게 된다.

그렇다면 메타인지 능력을 높이는 방법은 무엇일까. 질문 전략가 제임스 파일과 커뮤니케이션 전문가 메리앤 커런치는 공저 《질문의 힘》에서 메타인지 능력을 키우는 방법으로 질문과 글쓰기를 제안했다. 질문을 받으면 사람은 자기가 아는 것이 무엇이고 모르는 것이 무엇인지 알게 된다. 또 그것을 글로 쓰다 보면 아는 것과 모르는 것을 더욱 확실하게 파악하게 된다. 알고 있다고 생각했는데, 글로 쓰다 보니 확실하게 아는 게 아니었다는 걸 깨닫는 경우가 많다. 두 사람은 이런 현상을 통하여 질문과 글쓰기가 메타인지 능력을 높여 준다는 것을 증명했다.

설명문으로 쓰든 논술문으로 쓰든 글을 써 보면 안다. 얼마 전 JTBC에서 방영된 드라마 〈SKY 캐슬〉에서 한 남자아이가 부모님 앞에서 자신이 배운 내용을 강의하는 장면이 나온다. 자신이 배운 내용을 역으로 설명하는 공부법이다. 단순히 남이 설명해 주는 것을 받아들여 기억하는 것이 아니라 잘 파악되지 않는 내용까지 깨닫고 완전히 내 것으로 만드는 방식이다.

글쓰기도 마찬가지다. 스스로를 관찰하여 잘 모르는 것이 무엇인지 파악하고 보완해야 한다. 그렇게 완전히 이해하는 과정을 반복하다 보면 자신도 모르는 사이 날카로운 자기 관찰력을 지니게 된다.

독일의 신경생물학자인 게랄트 휘터도 저서 《존엄하게 산다는 것》에서 말한다. '인간이 자기 자신을 알게 되는 가장 좋은 방법은 실패와 만남의 경험'이라고. 실패하면 다시 실패할 수 있다는 두려움 때문에 자신을 돌아보고 잘못을 수정할 기회를 얻는다. 다른 사람들과의 만남도 나를 돌아보고 수정할 기회를 얻게 해준다.

글쓰기는 나를 정확하게 볼 수 있게 해 주는 거울이다. 글을 쓸 때에는 자신이 가지고 있는 능력만큼만 쓸 수 있기 때문이다. 알고 있는지 모르는지는 글로 써 보지 않으면 모른다. 시험을 보기 전에는 다 잘 아는 것 같지만 시험을 보고나서야 모르는 것이 무엇인지 확실히 알게 되는 것처럼.

배운 것을 오래 기억하는 특별한 기술

2017년 뉴욕주립대 심리학과 산드라 머레이 교수 팀이 글쓰기와 기억력의 상관관계를 연구했다. 한 학기 동안 A 그룹은 배운 내용을 쓰지 않고 읽으며 외게 하고, B 그룹은 쓰고 싶을 때만 쓰게 하고, C 그룹은 매일매일 쓰게 했다. 한 학기가 끝나 갈 때 세 그룹의 학생들을 테스트한 결과 C-B-A 그룹 순으로 성적이 나왔다. 이 결과를 본 산드라 머레이 교수가 말했다.

"잘 기억하는 두뇌를 만들려면 매일매일 쓰는 습관이 필요합니다. 쓰는 활동은 기억력을 단련하는 활동입니다."

또 다른 연구도 있다. 2011년 과학 전문 잡지 〈사이언스〉는 대학생 이백 명을 세 그룹으로 나누어 과학에 관한 짧은 문장을 5분간

읽게 하는 실험을 했다. A 그룹은 문장을 반복해 읽고 외웠다. B 그룹은 내용에 대한 개념도인 마인드맵을 작성했고, C 그룹은 읽은 문장에 관한 짧은 에세이를 썼다.

일주일 후 이 학생들을 대상으로 테스트하여 읽은 내용에 대한 기억 여부를 평가했다. 성적은 C-A-B 그룹 순이었다. 연구진은 이 결과를 놓고 '읽은 내용과 공부한 내용을 자신의 언어로 새롭게 쓰는 것이 기억에 가장 오래 남는다'고 발표했다.

학습과 기억력 연구로 유명한 워싱턴대학의 헨리 뢰디거 교수가 쓴 《어떻게 공부할 것인가》에는 다음과 같은 말이 나온다.

"더 잘 배우고 더 잘 기억하며 필요할 때 즉각 활용할 수 있는 최고의 학습법은 따로 있다. 어렵게 배워야 오래 간다. 어렵게 배우는 것은 배운 내용을 내 생각과 언어로 표현하는 글쓰기다."

쓰기와 기억력의 관계는 '반추'라는 용어로 설명할 수 있다. 반추란 배운 내용을 검토하고, 질문하고, 답을 말하는 반복 학습법이다. 반추를 활용하는 여러 학습 방법 중 '쓰면서 공부하기'는 기억력을 동원하는 것으로, 가장 고강도의 학습법이다.

눈으로만 읽는 것은 알고 있다는 착각을 일으킬 뿐이다. 이후 많은 학자들의 연구가 진행되었지만 결과는 유사했다. 그래서 2010년 이후 교육 선진국들은 앞다투어 기억력을 강화하는 글쓰기 교육을 실시하고 있다. 미국은 WTL(Write To Learn)이라는 학습법을 초등학교와 중·고등학교에 적용 중이다. 핀란드, 영국, 프랑스도 쓰면서 배우기를 보급하고 있다.

쓰면서 공부하기에도 세 가지 방법이 있다. 베껴 쓰기, 요약하여 쓰기, 에세이 쓰기다. 베껴 쓰기는 필사라는 말로도 불린다. 교과서나 참고서를 그대로 베끼는 방법이다. 필사는 단순 기억은 할 수 있으나 사고력까지 키워 주지는 못한다. 필사는 알곡과 잡동사니를 몽땅 포대 속에 넣는 것과 같다. 베껴 쓴 내용은 길고 길어서 기억 속에 저장되지 않는다. 쓸 때는 내용을 다 아는 것 같지만 장기 기억 속에 저장할 수가 없다.

요약하기는 알곡만 골라 담는 방식이다. 요약하기는 배우고 이해한 것을 바탕으로 중요한 것과 덜 중요한 것을 가린 후 중요한 것만 뽑아 뭉뚱그리는 방법이다. 요약한 내용은 장기 기억 속에 일정 기간 저장된다.

에세이 쓰기는 배운 내용을 내 방식대로 다시 구성하여 표현하는 방법이다. 어떤 지식이나 내용을 자기 언어로 표현할 수 있다는 것은 그 내용을 충분히 이해하고 납득했다는 증거다. 배우는 것으로 그치는 게 아니라 자기 생각을 넣어 재창조된 지식이기 때문에 평생 잊히지 않는다. 이런 지식은 장기 기억 속에 깊숙이 저장되고 필요할 때 인출하기도 쉽다.

기억력을 강화하려면 마인드맵보다는 읽기로, 읽기보다는 베껴 쓰기로, 베껴 쓰기보다는 요약하기로, 요약하기보다는 에세이 쓰기로 하는 것이 효과적이다.

뇌가 가장 눈부시게 작동할 때는 글 쓰는 시간

모든 글은 우뇌와 좌뇌의 협동 작품이다. 지금 이 글을 쓰고 있는 나도 '뇌가 가장 눈부시게 작동할 때는 글 쓰는 시간'이라는 소제목을 정해 놓고 며칠 동안 우뇌와 좌뇌가 협업을 하는 중이다. 우뇌가 '흠, 이거 괜찮은 생각이야!'라며 머릿속에 떠오르는 생각을 원시적인 언어로 컴퓨터 화면에 쏟아 놓는다. 우뇌는 상상하고 추리하면서 괜찮은 아이디어라며 자화자찬하며 기뻐한다. 글이 대충 얼개를 갖추자 다시 읽어 보고는 힘이 쫙 빠져 중얼거린다.

"이상한데? 이게 아닌 것 같아."

이때 좌뇌가 나선다. 좌뇌는 우뇌가 쓴 초고를 날카로운 눈으로 분석하고 비판한다. 이 주제가 한국의 젊은 부모에게 필요한 것인지, 단어는 그들에게 친숙한 것으로 골랐는지, 문장 스타일이 너무 구닥다리는 아닌지, 사례는 최신 것들인지, 통계치는 정확한지 등을 검토하고 판단한다. 그다음 여기는 이렇게 고치고 저기는 저렇게 고치면 좋겠다는 의견을 내놓는다. 우뇌는 자신이 미처 보지 못했던 부분이라며 고개를 끄떡인다. 좌뇌의 논리적인 사고력과 언어력의 도움을 받아 원고를 고쳐 나간다.

이러한 글쓰기 과정은 나뿐 아니라 모든 사람이 겪는다. 우뇌는 감각, 직관, 상상을 통하여 전체를 구상하며 초고를 쓴다. 그러면 좌뇌는 논리, 분석, 비판, 판단을 통하여 글을 점검한다. 이렇게 양쪽 뇌가 순간순간 협동하며 글을 만들기 때문에 글을 쓰는 동안에 우리 두뇌는 잠시도 쉴 새 없이 눈부시게 돌아간다.

2019년 OECD로부터 세계 최고의 대학이라는 평가를 얻어 낸 미국의 코넬대학은 '하루에 15분씩 글을 쓰게 하는 것은 학생들의 뇌에 달린 시동 버튼을 누르는 것과 같다'며 재학생들에게 글쓰기를 강조하고 있다. 또 세계에서 글쓰기 교육에 가장 공을 들이고 있는 하버드대학의 낸시 소모스 교수도 말한다.

"하버드는 논리적이고 창의적으로 생각하는 고차원적 두뇌를 가진 인재를 기르기 위해 글쓰기를 강조합니다. 글 쓰는 능력은 단순한 학습 효과를 뛰어넘어 두뇌를 눈부시게 작동시킵니다. 글을 쓰는 시간은 자신의 지식과 경험을 생각의 작업대로 불러내어 새로운 비전을 언어로 창조하는 과정입니다. 이때 두뇌는 생각하고 반짝이며 바쁘게 활동합니다. 인류는 두뇌의 이러한 활동 덕분에 오늘의 문명을 이룰 수 있었습니다."

글이란 소재만 있다고 써지는 것은 아니다. 소재를 통하여 어떤 생각을 전달할 것인가를 정해야 하고, 그 생각을 어떤 대상에게 어떤 방법으로 전달할 것인가를 판단해야 한다. 또한 읽는 사람이 어떻게 반응할지를 상상하며 단어를 선택하고 설명과 논증, 묘사와 서술을 적절하게 사용하며 글을 써야 한다.

그동안 두뇌는 자신이 가진 모든 능력을 총동원하여 글쓰기에 쏟아붓는다. 그러다가 작업이 순조롭게 진행되지 않거나, 결과물이 마음에 들지 않을 때에는 두뇌가 히스테리 상태로 들어가 머리가 아프기도 하다. 그래서 많은 사람들이 '글쓰기는 골치 아픈 일'이라며 회피한다.

두뇌는 선천적으로 편한 것을 좋아한다. 가능하면 힘을 덜 들이고 문제를 해결하려 한다. 그래서 새로운 방법보다는 습관 속에 자리 잡은 방법으로 일을 처리한다. 젊은 두뇌보다 늙은 두뇌가 더욱 습관을 좋아한다. 노인들이 새로운 제도나 방법을 거부하는 것은 이러한 두뇌의 저항 때문이다. 젊은 두뇌라도 자주 활동하지 않는 두뇌는 늙은 두뇌처럼 습관의 길을 따라 걷게 된다.

글쓰기는 두뇌가 습관대로 움직이는 것을 거부한다. 글쓰기는 질문과 답변이라는 형식으로 이루어지는데 새로운 질문과 새로운 답변을 찾았을 때 신선한 글이 된다. 어떤 생각이 떠오르면 두뇌는 경험 안에서 소재를 찾는다. 그것을 다시 생각의 작업대에 올려놓고 이리저리 굴리며 글을 만든다. 이때 습관 속에서 나온 빤한 질문이나 빤한 답변은 구태의연한 글이 된다.

독서란 고생보다는 행복이 더 많은 시간이다. 조금만 참고 읽어가다 보면 별천지가 나타난다. 내가 미처 몰랐던 지식, 내가 미처 깨닫지 못했던 생각이 나타나 나를 감동시킨다. 운 좋은 날에는 첫 장을 펴고 바로 멋진 문장 하나를 발견하고 황홀해 할 수도 있다.

그러나 글쓰기의 기쁨은 항상 맨 나중에 찾아온다. 여러 가지 고생을 거쳐 글 한 편을 완성하고, 그 글이 꽤 괜찮다는 것을 알게 되었을 때의 기분은 독서가 주는 행복보다 훨씬 진하고 강렬하다. 이 행복을 한 번 맛본 사람은 자꾸 맛보고 싶어 글을 쓰고 또 쓰게 된다. 어려서 이 기쁨을 경험한 사람은 행운아다. 평생 글쓰기가 즐거울 테니.

글쓰기가 두뇌를 눈부시게 단련시킨다는 이론을 제일 처음 주장한 프란시스 베이컨은 말했다.

“독서는 이해하는 두뇌를 만들고, 토론은 순발력 있는 두뇌를 만들고, 글쓰기는 정확한 두뇌를 만든다.”

쓰면서 배우고 쓰면서 생각하는 두뇌의 비밀

"듣기만 하면 잊는다. 보면 기억한다. 실천하면 이해한다. 그러나 글로 쓰면 내 것이 된다."

3000년 전에 공자가 말한 학습법이다. 죽간의 끈이 몇 번씩 끊어지도록 책을 읽고 또 읽었던 공자도 글로 써야만 완전한 학습이 이루어진다고 강조했다. 글쓰기가 공부에 도움이 된다는 연구는 현대의 인지과학자와 두뇌과학자들도 입증하고 있다.

책을 읽거나 강의만 들은 학생들은 배운 내용을 30~50% 정도를 기억하고, 배운 내용은 노트에 정리한 학생들은 50~60% 정도를 기억한다. 그러나 배운 내용을 응용하여 글을 쓴 학생들은 90%까지 기억할 수 있다. 글을 쓴 학생들은 국어뿐 아니라 영어, 수학, 과학점수까지 크게 올랐다.

모든 배움은 세 단계를 거친다. 첫 단계는 책을 읽고 지식을 기억하는 단계다. 다음 단계는 책에서 배운 내용을 노트에 기록하는 단계다. 그리고 세 번째 단계는 배운 내용을 비판하고 판단하고 상상하고 추리하면서 자기 생각을 써 보는 단계다.

생각하기란 어떤 질문에 대한 자기식의 대답을 준비하는 일이다. 질문이 들어오면 두뇌는 생각 모드로 들어간다. 질문이라는 자극은 외부로부터 온다. '왜?' '어째서'와 같은 질문이 일어나면 두뇌는 생각발전소를 가동시킨다. 질문은 두뇌에 걸려 오는 전화다. 생각 탱크를 열어서 뇌를 작동시켜 주는 버튼이기도 하다.

질문이 두뇌에 도착하면 두뇌는 뇌세포들을 가동시켜 질문의 답을 찾아내는 활동을 시작한다. '너 밥 먹었니?'와 같이 단순한 질문이 들어오면 두뇌 속의 생각발전소는 잠깐 동안만 일을 한다. '어떻게 하면 남북통일이 될까?'와 같은 복잡한 질문이 들어오면 오랫동안 일하게 된다. 이렇게 생각발전소가 가동하는 동안 두뇌는 각종 지식을 받아들인다.

글쓰기는 생각을 정리하고 생각을 만들어 내기도 한다. 글쓰기는 단순히 생각이나 지식을 전달하기 위한 것이 아니다. 오히려 글쓰기는 생각을 만들고 지식을 구성하는 데 중요한 역할을 담당한다.

1996년 노벨 의학상을 받은 피터 도허티 교수나 MIT의 바바라 골도프타스 교수도 오랜 경험을 통하여 '글을 잘 쓰는 학생들은 사고가 명확하여 연구 성과가 뛰어나다'고 증언한다. 글쓰기는 엉겨진 생각을 명료하게 정리해 주기도 하고, 새로운 생각을 만들어 내기 때문이다.

1990년대부터 회의의 꽃이라고 불리며 세계적으로 유행하던 피피티(PPT)가 저물고 있다. 이유는 글쓰기가 직원들의 아이디어 창출에 더 도움된다는 원리 때문이다. 아마존 설립자 제프 베이조스는 '노 파워포인트 흐름'을 이끈 인물이다. 그는 '파워포인트는 애매모호한 소통 메커니즘이며 요약 목록 사이에는 자기 생각이 없다'면서 6페이저(6 pager)라는 방식을 고안했다. 회의 참석자는 각자 워드로 A4용지 6페이지짜리 줄글(10~11포인트)을 써서 먼저 내고 회의에 참석해야 한다. 회의가 시작되면 모두가 다른 사람이 쓴 것을 15~20분 정도 읽은 후에 토론으로 들어간다. 아마존이 승승장구하면서 이 '6페이저' 방식은 세계적으로 주목받고 있다.

그런데 지금 우리나라 학생들은 글로 써야 하는 서술형·논술형 시험을 가장 어렵다고 말한다. 한국교육개발원(KEDI) 연구에 따르면 찍기 시대에 상위권을 차지하던 학생들 중 45% 정도가 중위권으로 밀려나고, 그 자리를 글쓰기를 잘하는 중위권 학생들이 차지하고 있다고 한다. 그래서 찍기는 잘하는데 서술형·논술형 시험에 약한 아이들과 학부모는 비상이 걸렸다.

왜 서술형·논술형 시험을 늘리는 것일까? 국가는 지금 생각 없는 어린이와 청소년을 생각하는 어린이와 청소년으로 만들기 위한 교육 혁명 중이다. 다르게 말하면 스스로 생각할 줄 아는 국민을 만들려는 것이다. 그래서 생각할 수 있는 두뇌가 준비된 학생에게 유리한 입시 제도로 변화를 꾀하고 있다. 기억력으로 습득한 지식을 머릿속에 쌓아 두기만 하는 학생은 비싼 돈을 들여 공부시켜 봤자 유능한 인재가 되지 못할 것이 빤하기 때문이다. 그것이 서술형·논술형 시험을 강화하게 된 진짜 이유다.

지금 한국에는 세계 제일이 세 가지 있다. 모성애, 교육열, 사교육비다. 모성애와 교육열이 협동하여 연간 23조 5,000억 원이라는 사교육비를 소비한다. 아이들은 학원에서 단편 지식을 달달 외는 공부를 하고 있다. 그러나 머리로만 왼 지식은 단기 기억 속에 잠시 머물다가 시험 한 번 보고 3개월 안에 기억의 하수구로 빠져나간다.

우리가 지금 가장 먼저 청산해야 할 공부 방식은 외기만 하는 방식이다. 쓰면서 배우고 쓰면서 생각하는 공부 방식이 세계를 휩쓸고 있다. 누가 먼저 그 방식을 받아들이느냐가 선진국과 후진국을 가를 것이다.

글쓰기가 융합과 창조를 가능하게 한다

리들리 스콧 감독의 SF 영화 〈마션〉의 주인공 마크 와트니는 화성 탐사 중 홀로 화성에 낙오된다. 그는 살아남기 위하여 자신의 지식과 경험과 지혜를 총동원한다. 그 결과 화성에서 식물을 키우는 데 성공한 주인공은 마침내 자신이 살아 있다는 소식을 나사(NASA)로 보낸다. 이 영화는 창의·융합이 미래의 불확실성 시대에 살아남을 수 있는 가장 확실한 능력이라는 것을 보여 준다.

세계 각국은 21세기와 4차 산업혁명 시대로 들어서면서 앞다투어 창의·융합 교육에 뛰어들었다. 〈마션〉의 주인공처럼 창의·융합적 두뇌를 가진 국민을 기르기 위해서다. 미래학자들은 말한다. 지금 초등학생들이 직업 전선에 들어가는 2040년 즈음이면 현존하는 직업의 60%가 사라지고 새로운 직업이 그 자리를 채울 것이라고. 그리고 지금 인간이 하고 있는 단순·반복적인 일은 인공 지능인 AI에게 인계된다고. 인간보다 계산 능력이 250배 강하고, 한 번 입력된 것은 절대로 잊지 않는 거의 완벽한 기억력을 가졌다는 AI는 벌써부터 의사, 법관, 교사 등 인기 직업에 배치되고 있다. 앞으로는 달달 왼 기존 지식을 그대로 꺼내 써먹거나, 제시된 몇 가지 답 중에서 하나를 찍어 문제를 해결하는 일은 없을 것이다. 다양한 지식을 융합하여 새로운 생존 방식을 창조할 수 있는 자만이 사람답게 살 수 있을 것이다.

지금 우리나라의 교육 목표는 '창의·융합 교육'이다. 그래서 모든 교육 과정과 교과서는 창의·융합형으로 개편되었고, 교실마다 창의·융합 액자가 걸렸다. 교사들은 방학마다 창의·융합 세미나와 연수로 바쁘고 대학들은 융합교육센터와 융합대학원을 만들어 선진 대학임을 홍보한다. 이렇게 거창하게 국가 수준에서 창의·융합을 부르짖고 있지만, 정작 아이들은 아직 창의·융합 교육과는 먼 교육을 받고 있다. 창의·융합이란 '여러 가지 과목을 섞어서 가르치는 것'이라는 잘못된 이해 때문에 각종 교과서와 참고서에는 과목 섞기 문제들이 가득하다. 각급 학교에서는 국어, 영어, 수학을 섞어 가르치는 비빔밥 수업도 유행이다. 이런 현실 속에서 부모들은 길을 찾지 못하고 시험 점수를 올려 준다는 학원으로 아이들을 보내 놓고 연 23조 5,000억 원을 소비한다.

창의·융합 교육은 먼 세상의 낯선 교육이 아니다. 약 6000년 전부터 있어 왔던 전통적인 교육 방법이다. 6000년 전에 인류가 읽기, 쓰기를 발명했을 때 이미 창의·융합 교육은 시작되었다. 특히 두뇌 속에서 순간순간 일어나는 생각을 문자로 기록하게 되었을 때 인류는 이미 창의·융합적인 두뇌 활동을 시작했다.

세계적인 교육 잡지 〈에듀케이션 월드〉에 따르면 미국 교육은 최근 융합하고 창조하는 두뇌를 기르기 위해 글쓰기를 강조하고 있다. 미국 초등학생의 78%가 매일 아침 15분 동안 자유롭게 글쓰기를 하고, 중·고등학생들은 영어(국어) 시간을 통해 글쓰기를 하고 있다.

글을 쓸 때면 먼저 뇌 깊은 곳에 들어 있는 기억과 단어, 에피소드를 꺼내서 쓰려는 주제에 적합한 것을 고르거나 정리한다. 그리고 그 재료들을 융합하여 자기 생각을 표현하는 글을 만든다. 이는 매우 복잡한 작업으로 두뇌 속에 생각의 작업대를 설치해야 한다. 라면 하나 끓여 먹으려면 조리대가 크지 않아도 된다. 그러나 제대로 된 음식을 만들려면 조리대가 넓어야 한다. 글도 마찬가지다. 제대로 된 글을 쓰려면 두뇌 속 생각의 작업대가 크고 넓어야 한다.

글쓰기는 단순히 생각이나 지식을 전달하기 위한 것이 아니다. 모호한 생각을 명료하게 정리하고 생각을 만들어 내는 것이다. 자꾸 하면 잘하고, 잘하면 자꾸 하는 원리에 따라 글쓰기를 자꾸 하면 생각의 작업대가 넓어져 융합하고 창조하는 능력이 확장된다.

마음을 위로해 주는 특별한 친구

만성 두통 때문에 찾아온 환자에게 의사가 말했다.

"속상한 일이 있으면 일기장에다 매일 고백하세요."

별 이상한 의사가 다 있다고 투덜거리며 병원을 나왔지만 환자는 의사 말대로 일기를 쓰기 시작했다. 속상한 일들을 모조리 일기장에다 쏟아 놓았다. 일주일을 그렇게 하다 보니 슬그머니 두통이 사라졌다. 그 후 그는 50년 넘게 글쓰기를 계속했고, 글쓰기 강사가 되어 세계를 누빈다. 《나를 위로하는 글쓰기》의 저자 셰퍼드 코미나스 박사의 이야기다.

글쓰기의 효능 중 카타르시스라는 이름으로 정의되는 '속 시원함의 효과'가 있다. 아무에게도 말 못하고 숨기던 것을 글로 쓰면 속이 후련해지는 현상이다. 이 후련함이 우리의 정신과 육체를 치료하여 다시 건강을 찾게 해 준다는 연구가 속속 발표되고 있다. 다시 말해, 글쓰기가 심리적·정신적 회복탄력성을 높인다는 것이다.

글쓰기의 회복탄력성 연구 중 페니 베이커 교수의 '털어놓기' 연구가 가장 눈길을 끈다. 페니 베이커 교수는 큰 사건이나 사고를 경험하고 힘들어하는 사람들을 두 그룹으로 나누어 실험했다. A 그룹에게는 매일 20분씩 나흘 동안 자신을 괴롭히는 문제에 대한 느낌이나 생각을 글로 쓰게 하고, B 그룹에게는 일상적인 이야기를 쓰게 했다. 두 그룹의 변화를 수개월간 추적한 결과 자신의 깊은 감정을 글로 털어놓은 사람들은 단지 피상적인 주제에 대해 글을 쓴 그룹보다 43% 적게 의사를 찾았다. 놀랍게도 간염 수치까지 낮아졌다.

페니 베이커 교수가 '털어놓기'라고 명명한 이런 글쓰기는 스트레스를 유발하는 내용에 대한 감정적 차원을 이성적 차원으로 바꾸는 작업이다. 그래서 자신의 문제를 객관적으로 바라보고 맹목적인 고민에서 벗어나게 해 주는 역할을 한다.

우리 엄마는 마녀다. 마녀처럼 소리를 빽빽 지르고 자기 머리를 쥐어뜯는다. 오늘도 그런 날이다. 자기는 잘하는 게 하나도 없으면서 나보고는 공부 못한다고 야단이고, 아빠보고는 돈 많이 안 벌어 온다고 야단이다. 흥! 누군 하기 싫어서 안 하나?

내가 25세가 되면 발레리나가 되어서 구경 온 엄마를 무대 위에서 지그

시 노려볼 것이다. 그럼 엄마는 무대 아래에서 후회하겠지. 에구, 옛날에 저 애한테 좀 더 잘해 줄걸. 그렇지만 나는 엄마에게 용돈도 조금만 주겠다. 엄마는 한숨을 쉬면서 '혜정아, 용돈 조금만 더 줄 수 없겠니?'라고 하겠지만 국물 없다. 흐흐흐 후후후.

좀 이상한 아이가 쓴 글 같다. 아니, 아주 못된 아이가 쓴 글 같다. 그러나 아주 정상적인 아이의 글이다. 초등학교 4학년. 아버지 어머니 둘 다 중학교 교사다. 학교 성적은 상위권이고, 친구 간에 말다툼이 생기면 눈물부터 흘리는 소극적인 소녀다. 평소에는 아주 명랑하고 밝다. 한국독서교육개발원(KREDI)의 오래된 회원인데, 아이는 가족이나 선생님에게 꾸중 들은 날이면 이런 글로 분풀이를 한다. 어떤 날은 자신을 놀린 친구를 바보같이 묘사하여 놓고 기분을 달래기도 한다.

언제부터인가 우리는 뉴스에서 부모에게 꾸중을 듣고 아파트 베란다에서 뛰어내린 아이의 소식을 듣게 되었다. 그런 뉴스를 접할 때마다 부모는 자녀를 걱정스러운 얼굴로 바라본다. 어떤 어머니는 '그래서 아이가 잘못해도 야단을 칠 수 없다'고 하소연한다. 뉴스에서 자살하는 아이들을 볼 때마다 나는 글쓰기를 통한 분풀이 방식을 알려 주지 못한 것을 아쉬워한다.

심리학자들은 자살이란 '타인이 내게 준 상처를 극복하지 못할 때 자신의 육체를 복수에 사용하는 방식'이라고 정의한다. 죽고 싶어 죽는 것이 아니라, 죽고 난 다음에 슬퍼할 '그 어떤 사람에게 가하는 항거'라는 것이다. 즉 자살이란 사회적인 약자가 강자에게 항거하는 한 형식인 셈이다.

혜정이는 속상한 마음을 글로 풀어내고 있다. 글 속에서 엄마를 마녀로 표현하고 자기는 화려한 성공을 거둔 발레리나가 된다는 상상이다. 그 성공 앞에서 초라해진 엄마를 그려 보는 것이다. 아이는 글을 통해 강자가 되고 약자인 엄마를 불쌍히 여기며 용서하는 과정을 거쳐 다시 기존의 모녀 관계로 돌아갈 수 있게 된다.

생각해 보면 우리 중 대다수는 이미 글쓰기를 통하여 치료 효과를 경험한 적이 있다. 억울한 일을 일기장에 고백하고 마음이 후련했던 기억, 부글부글 끓던 마음을 종이에 써 놓고 쉽게 잊을 수 있었던 기억도 가지고 있다. 쓰고 나면 상처받은 마음에 딱지가 생기게 된다. 글로 쓰지 않고 그대로 둔 것보다 잊는 시간이 빨라 치유의 시간이 빨라지기도 한다.

확실히 글쓰기에는 해소의 효과가 있다. 가슴속에 있는 말을 다 풀어내고 나면 맑은 마음만 남는다. 그래서 글쓰기는 고통을 없애고 회복탄력성을 높이는 방법으로 각광받고 있다.

글쓰기, 세상을 내 편으로 만드는 기술

재미있는 글을 한 편 읽었다. 이영미 기자가 쓴 '글 잘 써야 성공한다'라는 글인데, 글 잘 써서 성공한 우리나라 사람들의 이야기가 꼼꼼하게 적혀 있다. 《나의 문화유산답사기》의 저자인 유홍준을 만든 건 9할이 글쓰기라는 이야기부터, 글 쓰는 화가 김병종, 그림 읽어 주는 여자 한젬마, 생태학자 최재천, 과학자 정재승, 뇌과학자 김대식을 만든 것은 그들의 빛나는 글쓰기 실력이라는 내용이다.

글을 써서 세계적으로 유명해진 사람을 꼽으라면 단연 서양의 마키아벨리를 들 수 있다. 그는 조그만 도시 국가 피렌체의 평범한 하급 관리였다. 그가 하는 일은 각국 사절로 다니는 대사를 따라다니면서 회계를 담당하고 문서를 수발하는 일이었다. 그는 자기를 미워하는 사람에 의해 감옥에도 갔는데, 다시 복직하기 위해 그 정적에게 군주론을 써서 바친 사람이다. 그런데 그 《군주론》이 요즘 식으로 말해서 '대박'이 난 것이다. 마키아벨리가 세계적인 정치 이론가가 된 것은 순전히 글쓰기 능력 때문이었다.

최근 사회적인 리더가 되려는 사람들이 글쓰기 공부에 열중하고 있다. 동아일보에 의하면 변호사, 의사, 연구원, 교수, 고위 공직자 등 전문직 종사자들 사이에 글쓰기가 화두가 되고 있다고 한다. 요즘에는 인터넷 커뮤니티, SNS 등 매체가 다양화되면서 전문직 종사자들이 칼럼 등을 통해 자신의 견해를 표출할 수 있는 기회가 늘어났으며, 칼럼 수요도 폭발적으로 증가하고 있기 때문이다.

미국의 하버드대학, MIT, 스탠포드대학, 영국의 옥스퍼드대학 등 세계적인 대학의 글쓰기 교육은 정말 맹렬하다. 이 대학들은 모든 학과 재학생에게 연간 글쓰기 교육을 필수과목으로 이수하도록 규정하고 있다. '왜 모든 학과생이 글쓰기를 해야 하느냐?'는 질문에 그들은 한결같이 대답한다.

"우리 학교는 사회 각 방면에서 리더가 될 인물을 길러 내는 것이 목표다. 리더에게 가장 필요한 능력이 글쓰기 실력 아닌가? 글쓰기를 못하면 노벨상도 없지 않은가?"

하버드대학에서 글쓰기 프로그램을 이끌어 온 낸시 소머즈 교수는 말한다.

"강의 잘 듣고 시험 잘 쳐서 대학을 졸업할 수는 있지만 그런 사람은 한평생 학생이나 관찰자의 자리를 벗어날 수 없다. 배우기만 하는 사람일 뿐 창조하는 사람, 리더는 될 수 없다."

정말 '많이 아는 것'으로는 충분하지 않다. '아는 만큼 표현하는 것'이 중요하다. 아무리 훌륭한 업적의 연구 성과가 있다 해도 글쓰기 실력이 없으면 노벨상도 그림의 떡이다. 대학에서 공부 잘하는 학생들이 가진 공통점 두 가지가 있다. 하나는 자기 주도 학습을 하는 것이고 하나는 글쓰기를 잘한다는 것이다. 이유가 뭘까?

대학을 가면 각종 시험과 리포트가 글쓰기 형태로 되어 있다. 그래서 글쓰기를 못하는 학생들은 두뇌 속에 들어 있는 실력을 인정받지 못한다. 그래서 세계 모든 대학은 사람을 판단하는 기준으로 가장 확실하고 가시적인 방법인 글쓰기를 필수 과목으로 정하고 있다. 사회에 나가도 글쓰기는 우리를 따라다닌다. 기획서, 보고서, 회의 자료를 수시로 상사에게 제출해야 한다. 이때 글쓰기 실력이 없는 사람은 자연스럽게 뒤처지는 신세가 된다. 머릿속에 금싸라기 같은 아이디어가 넘친다 한들 글로 표현하지 못한 아이디어가 무슨 소용이겠는가?

글쓰기는 위대한 기술이다. 학위를 따지 않아도 되고 돈이 들지도 않는 기술이다. 순전히 실력 하나로 승부가 나는 분야다. 요즘은 개천에서 용이 날 수 없는 세상이라지만 글쓰기 분야에서는 아니다. 글 잘 써서 용 된 사람이 얼마나 많은가?

글쓰기는 유명해지고 돈을 많이 버는 데만 유용한 기술이 아니다. 어렸을 때 수준 높은 글쓰기 실력을 길러 놓는 것은 균형 잡힌 인격체를 만드는 데 기초가 된다. 지식과 생각이 많아도 표현 능력이 따라 주지 못하면 좌절과 분노가 형성되고 자기 비하의 마음이 싹튼다.

어린 시절에 길러진 글쓰기 능력은 초등학교부터 대학교까지 공부 잘하는 학생이 되는 데 도움을 준다. 대학을 졸업한 후에는 좋은 회사에 취직하게 도와준다. 직장인이 되어서는 기획서를 잘 쓰는 유능한 사원이 되게 해 준다. 그리고 덤으로 연애할 때도 멋진 대화를 나눌 수 있게 해 준다.

글쓰기 기술이란 이렇게 인생의 굽이굽이에서 도약의 발판이 되어 준다. 아무리 많이 알아도 나타내는 기술이 없으면 모르는 것과 마찬가지다. 그런 의미에서 글쓰기 기술은 '세상을 내 편으로 만드는 기술'인 셈이다.

2장

공부머리를 완성하는 글쓰기 전략 1단계:

글쓰기가 즐거운 기초 체력 기르기

'우리 아이는 글쓰기를 싫어해'라고 단정하지 않는다

우리나라 부모들이 가진 교육병 중에 '우리 아이는 글쓰기를 싫어해'라고 단정하는 증세가 있다. 어떤 부모는 '나를 닮아서 그런가 봐'라고 화살을 자신에게 돌리기도 한다. 그러나 아이의 글쓰기 능력은 부모의 것을 닮거나 유전되지 않는다.

글쓰기는 오로지 연습과 습관에 의해 길러지는 후천적 능력이다. 컴퓨터 자판기를 두드리는 일이나 자전거 타기처럼 기초 능력을 기르고 훈련하면 어느 순간 튀어 오르듯 발전을 보이는 한계 초월 능력이기도 하다. 부모가 글쓰기를 어려워하는 자녀를 보고 '나를 닮아서 그런가?'라고 생각하는 것은 그들 역시 글쓰기에 대한 두려움을 떨쳐 내지 못했기 때문이다.

한국교육개발원(KEDI) 연구에 의하면 대한민국 국민 중 글쓰기를 즐거워하는 사람은 5.3%에 불과하다. 94.7%의 사람들이 글쓰기를 어렵다고 생각한다. 외국도 사정은 우리나라와 비슷하다. 미국은 9%, 영국은 12%, 프랑스는 15% 정도의 국민만이 글쓰기를 즐거운 일로 여긴다. 글쓰기가 부담스러운 작업임은 틀림없다.

이 글을 쓰는 나 역시 다른 책을 쓸 때보다 훨씬 큰 부담을 느끼고 있다. 독자는 저자의 어휘, 문장 스타일, 사고 체계는 물론 가치관까지 점검하고 평가할 것이다. 글이란 글쓴이의 내면 세계와 영혼까지 몽땅 비춰 주는 거울인 까닭이다. 그래서일까. 자신의 글에 기꺼이 만족하는 사람은 드물다. 자신조차 만족하지 못하는 글을 남에게 보여 주기란 얼마나 부담스러운 일인가. 말로 하는 건 쉽고 글은 정말 어렵다는 사람을 많이 본다. 방송 같은 매체에서 발화되는 말을 제외한다면 대부분의 말은 순식간에 사라지지만 글은 영원히 남기 때문이다.

다행히도 지난 30여 년 동안의 경험을 통하여 글쓰기 교육에 대한 희망을 보았다. 각계각층의 사람을 가르치고 연구하며 누구나 글쓰기 소질을 가지고 태어난다는 사실을 알게 된 것이다. 초등학생, 대학생, 교사, 가정주부, 공무원을 가르치면서 알게 되었다. 누구나 하고 싶은 말이 있고 누구나 그것을 간절히 쓰고 싶어 한다는 것을. 그들은 다만 머릿속에 들어 있는 내용을 글로 옮기지 못해 전전긍긍하고 있을 뿐이었다. 어느 공무원이 말했다.

"제가 지금도 후회하는 것은 글쓰기를 일찌감치 포기한 일입니다. 부모님과 형제자매 중 글을 잘 쓰는 사람이 아무도 없었어요. 나도 소질이 없을 거라고만 여겼지요. 머리에는 오만 가지 생각이 떠오르는데 글로 풀어낼 능력이 없어서 남보다 뒤처지는 경우를 수없이 겪었어요. 내 자식만큼은 꼭 글쓰기 능력을 갖추게 해야겠다고 다짐했습니다."

일류 대학을 나와 행정 고등 고시에 합격한 그는 말 그대로 잘나가는 정부 관료였다. 10여 년 후 다시 만났을 때 그는 자녀들에게 글쓰기 교육을 시킨 경험담을 늘어놓았다. 대학생이 된 남매는 부모도 놀랄 만큼 글을 잘 쓴다고 했다. 그가 덧붙였다.

"글쓰기는 하면 느는 건가 봐요."

자녀를 글쓰기와 친밀하게 지내는 행복한 사람으로 키우려면 '우리 아이는 글쓰기를 싫어해', '우리 아이는 글쓰기에 소질이 없나 봐'라고 단정하지 말자.

글쓰기의 워밍업,
하루 15분 생각 쓰기

'하루 15분 생각 쓰기'를 하고부터 문득문득 쓸거리가 생각난다. 밥 먹다가도 생각나고 책을 읽다가도 생각난다. 오늘은 공부 시간에 생각이 나서 교과서 옆에다 쓰다가 선생님에게 야단맞았다.

"정혜 너, 글쓰기가 그렇게 좋아?"

선생님이 웃으면서 눈을 흘기셨다.

요즘은 어떤 물건이나 사건을 보면 바로 생각이 떠오른다. 그걸 종이에 쓰면 글이 된다. 그런데 그 글이란 것이 그전에는 내가 만들려고 애를 썼다면 요즘은 그냥 써진다. 누가 내 손을 잡고 써 주는 것만 같다.

_서울 강남구 D초등학교 6학년 차정혜

이 학생은 1년 전까지만 해도 글쓰기가 제일 싫다던 어린이였다. 글쓰기를 괴로워하는 어린이들을 위해 개발한 글쓰기 프로그램에 참가하여 활동한 어린이 중 한 명인데 1년 만에 글쓰기를 즐기는 아이로 변신한 것이다. '하루 15분 생각 쓰기' 프로그램은 글쓰기를 싫어하는 초등학생들에게 글쓰기의 즐거움을 가르쳐 주려고 개발한 프로그램이다. 이 연구는 전국 학교로부터 글쓰기를 싫어하는 어린이 1,000명을 추천받아 실행했다. 참가 어린이 중 87%는 글쓰기가 싫은 이유로 '쓸거리가 없어서'를 꼽았다.

글쓰기의 고통은 동서고금을 막론하고 비슷한 듯하다. 나의 어린 시절을 떠올리면 반 친구들이 연필만 굴리다가 "선생님 쓸거리가 없어요"라고 말하던 장면이 떠오른다. 초등학교 교사로 일할 때도 마찬가지였다. 글쓰기 시간만 되면 학생들이 "쓸거리가 없어요!"라며 책상을 두드리곤 했다. 한국교육개발원 국어교육연구실에서 글쓰기에 관련된 연구를 실행했을 때에도 '쓸거리가 없어서'가 초·중·고 학생들이 글쓰기를 싫어하는 가장 큰 이유로 조사되었다. 우리나라뿐 아니라 외국의 연구들도 비슷하다. '소재나 주제를 발견하지 못한 상태에서 글을 쓰는 것이 글쓰기의 가장 큰 장애'라고 여러 논문에서 발표하고 있다.

연구자인 나는 '쓸거리 없음'의 고통을 해결하려면 글쓰기 교육의 근본적인 프레임을 바꿔야 한다고 보았다. 그래서 글쓰기란 '글을 쓰는 것이 아니라 생각을 쓰는 것'이라는 가설을 세웠다. '글을 쓴다'고 인식한 아이들은 두뇌 속에 완성된 글이 들어 있다가 두루마리 휴지가 풀리듯 술술 풀려나오는 장면을 떠올렸다. 반면 '생각을 쓴다'고 인식한 아이들은 두뇌 속에 들어 있는 생각의 조각들이 밖으로 나와 종이 위에서 재구성되는 장면을 상상했다. 이 조사를 통하여 나는 '생각을 쓴다'고 인식한 아이들이 '글을 쓴다'고 인식한 아이들보다 글쓰기를 훨씬 쉽게 받아들인다는 사실을 발견했다. '글쓰기'보다는 '생각 쓰기'가 글쓰기의 어려움을 덜어 주는 용어였다.

실제로 우리 두뇌 속에는 어디에도 완결된 글이 들어 있지 않다. 우리 두뇌 속에는 생각들만 들어 있다. 그 생각도 어떤 사물이나 장면을 보았을 때 순간적으로 떠오르는 단편적인 것들이다. 이 생각의 조각들 중 주제와 어울리는 것들이 모여 글을 구성하는 것이 바로 글쓰기 과정이다. 그러므로 '글을 쓴다'보다 '생각을 쓴다'가 더 정확하고 더 객관적인 표현이다. 이 원리로 이루어진 책《하루 15분 생각 쓰기》가 많은 어린이들의 글쓰기 고통을 덜어 주는 것을 경험했다.

'하루 15분 생각 쓰기'는 글쓰기의 워밍업이다. 하루 15분씩 3개월만 쓰면 습관이 되고, 6개월이 지나면 운명이 된다. 6개월 동안 매일 15분씩 글쓰기를 실천하면 평생 동안 즐겁게 글을 쓸 수 있다. 쓰지 않으면 이상해질 정도로 글쓰기가 편안해진다.

그동안의 연구로 글쓰기를 애초부터 싫어하는 사람은 없음을 알게 되었다. 글쓰기의 고통은 준비가 안 된 상태에서 글쓰기를 강요

받았을 때, 올바른 글쓰기 교육을 받지 못했을 때 일어난다. 워밍업이 안 되어 글을 쓰려면 머리가 아파 오는 현상이었다.

독서 습관을 붙이는 데 하루 10분이면 충분하고, 글쓰기 습관을 붙이는 데는 하루 15분이면 충분하다. 15분이 너무 짧지 않느냐는 의견도 있다. 물론 더 오래 쓰게 할 수도 있다. 하지만 어떤 아이라도 견딜 수 있는 최소 시간은 15분이다. 간혹 30분씩 글쓰기를 시키는 부모가 있다. 30분은 실천력이 떨어진다. 글쓰기 습관이 형성되기 전이라면 30분 쓰는 아이보다 15분 쓰는 아이의 실천력이 여섯 배나 높다. 글쓰기 시간이 짧을수록 실천력은 높아진다. 글은 엉덩이가 쓴다는 말이 있다. 톨스토이도 '작가란 매일 같은 시간에 책상 앞에 앉는 사람'이라고 말했다. 처음 운전대를 잡은 사람에게 어찌 멋진 드라이브를 기대할 수 있을까? 글도 마찬가지다. 매일 조금씩 쓰면 어느 날 문득 글 잘 쓰는 자신을 발견하게 된다.

하루 15분 생각 쓰기의 장점

1 생각하는 습관이 생긴다.

2 하루 동안 모인 생각이나 감정을 쓰고 나면 정신이 맑아진다.

3 글쓰기에 자신감이 생긴다. 혼자 쓸 때는 항상 내가 일등이다.

4 생각의 텃밭이 풍부해져 글쓰기 자료가 풍부해진다.

5 글쓰기 습관이 생긴다. 3개월은 습관, 6개월은 운명!

좋은 글을 읽어야 좋은 글이 나온다

좋은 글을 읽으면 두뇌에 불이 켜진다. 봄에 라일락꽃, 목련꽃, 수국이 피어 있는 정원에 서 있는 것처럼. 좋은 글을 많이 읽는 사람들의 얼굴이 맑고, 깊고, 진실한 것은 그 불빛 때문이다. 그 불빛이 우리를 아름다운 글의 세계로 이끈다.

헤르만 헤세가 《독서의 기술》에서 한 이 말을 떠올리면 맑고, 깊고, 진실한 그의 글들이 떠오른다.

글쓰기의 가장 중요한 에너지 공급원은 독서다. 사람은 어린 시절에 읽은 글에서 모든 것을 배운다. 진실하고 품위 있는 주제를 가진 책에서 삶을 살찌울 철학을 배우고, 책 속의 인물들에게서 인생의 모델을 발견한다. 그리고 좋은 문장에서는 앞으로 쓰게 될 문장의 틀을 배운다. 삶의 철학을 배우고, 인생의 모델을 발견하며, 좋은 문장의 틀을 발견하는 일은 글쓰기의 기초 체력이 된다. 자녀가 좋은 문장 스타일을 갖게 되기를 바라는 부모가 할 수 있는 가장 현명한 일은 좋은 문장으로 이루어진 명작을 읽히는 일이다. 위대한 명작은 좋은 문장으로 쓰여 있다. 그 책의 저자들이 내 자녀의 문장 스타일에 좋은 영향을 끼치기를 바라도 좋다.

사람마다 가지고 있는 문장의 틀이 있다. 이 틀은 개수도 다르고 모양도 다르다. 어떤 사람은 다양하고 어떤 사람은 단조롭다. 또 어떤 사람은 가지고 있는 틀대로 사용하지만, 어떤 이는 틀을 창의적으로 변형하여 사용한다.

중요한 것은 한 인간이 가지는 이러한 문장 스타일은 이론을 머리로 외워서 얻는 것이 아니라 어린 시절에 자신도 모르는 사이에 형성된다는 점이다. 형성되는 시기는 문자를 읽고 쓰기를 자유자재로 하고부터 대략 7~8년 안이다. 다시 말해서 한 사람의 문장의 틀이 형성되는 시기는 초등학교와 중학교 때이며, 그 스타일을 결정짓는 요소는 그 사람이 가장 많이 읽은 문장 스타일이라고 할 수 있다. 어려서 결정된 문장의 틀은 글쓰기를 할 때 본이 되고, 청소년기를 지나면서 굳어져 어른이 된 후에는 좀처럼 바꾸기 힘들다. 독수리 타법으로 컴퓨터 자판을 두들기던 사람이 열 손가락으로 자판 치기를 배우는 것만큼이나 어렵다.

나는 《공부머리를 완성하는 초등 독서법》에서 '독서는 입력, 글쓰기는 출력'이라고 강조했다. 이 말 속에는 '좋은 글을 읽어야 좋은 글이 나오고, 나쁜 글을 읽으면 나쁜 글밖에 못쓴다'는 의미가 들어 있다. 세상에 원인 없는 결과가 없고 공짜로 귀한 걸 얻을 수도 없다.

매년 수능이 끝나면 은밀한 상담을 원하는 고3 학부모들이 있다. 성적은 높지만 글쓰기에 자신이 없는 학생의 부모들, 소위 상위권 학생들의 부모들이다.

"성적이 나쁘면 점수에 맞춰 지원하면 되지요. 그런데 글쓰기는 수능처럼 국가가 인정해 주는 점수가 없잖아요. 무엇을 기준 삼아 지원하면 좋을지 모르겠어요."

그렇다. 학과 공부는 어느 정도 공인하는 점수가 있다. 그것대로 지원하면 된다. 그러나 글쓰기 능력을 인정해 주는 공인 점수는 아직 없다. 그러다 보니 논술 고사가 있는 일류 대학 지망생들은 두렵고 떨릴 수밖에 없다.

나는 이런 학생들을 만나며 공통점을 발견했다. 그중 가장 높은 빈도를 보이는 점은 '잘 쓴 글과 못 쓴 글을 구분하지 못한다'는 것이었다. 테스트를 위해 잘 쓴 글과 수준이 낮은 글을 주고 어느 글이 잘된 글이냐고 질문하면 십중팔구 잘못된 글을 선택한다. 형식은 잘 짜여 있지만 내용이 어디선가 본 듯한 글, 많은 지식을 나열했지만 창의적인 아이디어가 보이지 않는 글을 좋은 글이라고 말했다. 붕어빵 논술, 국화빵 논술, 족집게 논술로 통하는 학원식 논술을 잘된 논술이라고 선택하는 학생들이 많았다.

이들은 재능보다 제대로 된 판단력을 갖추는 게 시급하다. 판단이 잘못되면 그다음은 전부 잘못된다. '아는 만큼 보인다'는 말이 있다. 좋은 글이 어떤 글인지 모르는데 어떻게 좋은 글을 쓸 수 있겠는가. 어린 시절에 읽은 좋은 책은 자라면서 혹은 어른이 된 후에 글을 쓰다가 막혀서 쩔쩔맬 때에 막힌 하수도관을 뚫듯 막힌 글을 시원하게 뚫어 주는 강력한 힘이 된다.

읽은 책과 문장 스타일

1 위인전 - 반듯한 문장의 소유자.

2 세계명작 - 깔끔한 문장의 소유자.

3 오락물 - 가볍고 부실한 문장의 소유자.

4 폭력물 - 부정적인 냄새가 풀풀 나는 문장의 소유자.

5 추리물 - 긴장감이 도는 문장 스타일의 소유자.

알고 있는 어휘 코드가 글의 품위를 결정한다

아이들에게 다양한 모습과 표정을 짓고 있는 여배우 열두 명의 사진을 보여 준 뒤 각 인물에 대하여 자유롭게 말해 볼 것을 제안했다. 예쁘다, 귀엽다, 아름답다, 매력적이다, 잘생겼다, 새침하다, 참신하다, 상큼하다 등 다양한 수식어를 사용하는 아이가 있는 반면, '예쁘다'라는 한 단어로 모든 사람을 표현한 아이도 있었다. 이 아이를 포함하여 실험에 응한 학생들의 어휘력을 조사했다. 예쁘다는 단어만 사용한 아이는 다른 학생에 비해 어휘량이 매우 빈약했다. 그 아이의 어휘 창고 속에는 아름다운 모습에 대한 표현이 '예쁘다' 하나밖에 없었던 것이다. 그래서 아이는 여인의 아름다움을 충분히 인지했지만 '예쁘다'라는 감상밖에 쓸 수가 없었을 것이다.

아이들의 글에서나 어른의 글에서나 사용 어휘의 층위에 따라 글의 품위와 재미가 달라진다. 교양 넘치고 문화적인 어휘를 많이 쓰는 사람의 글은 품위 있다. 영롱한 시적인 어휘를 많이 쓰는 사람의 글은 아름답다. 코믹한 어휘를 주로 쓰는 사람의 글은 가볍고, 폭력적인 어휘를 즐겨 쓰는 사람의 글은 거칠다. 그리고 비어와 속어를 많이 쓰는 사람의 글은 질이 낮아 보인다. 이렇게 사용 어휘군이 다른 것은 가정, 친구, 사회, 독서 등이 원인 제공처가 되는데 그 중에서 독서 경험이 가장 큰 영향을 끼친다. 언어학자 펜필드는 '결정적 시기 이론(Critical Period Theory)'에서 다음과 같이 말한다.

"아동기는 어휘 습득이 생애 중 가장 왕성한 시기다. 이때 습득된 어휘는 성인이 되어서 원활한 독서와 청취는 물론이고 생각과 의사를 글로 쓰고 말로 표현하는 데 사용된다. 언어 습득은 아동기 이후에는 생물학적 제약을 받아 둔화된다. 따라서 어휘량이 풍부하고 좋은 어휘를 사용하는 어린이를 만들기 위해서는 아동기 독서가 매우 중요하다."

인간의 어휘량과 질은 75% 이상이 책으로부터 결정된다. 그중 80%가 아동기에 입력된다. 아동기에 습득한 어휘들은 청소년기와 성인기에 말을 하거나 글을 쓸 때 자동적으로 표출된다. 자녀가 품위 있는 글을 쓰게 되기를 원하면서 폭력 만화나 선정물만 읽는 것을 방치한다면 그 바람은 이루어질 수가 없다.

부모가 아무리 부지런하고 영향력이 있다 해도, 선생님이 아무리 교육을 잘한다 해도 그 많은 어휘를 머릿속에 넣어 줄 수는 없다. 어휘에 관한 한 가장 실력 있는 교사는 책이다. 책 중에서도 훌륭한 저자가 쓴 명작이 가장 좋은 어휘 선생님이다. 그래서 학교 도서관이나 공공 도서관에서 한정된 비용을 가지고 책을 구입하려 할 때, 가장 먼저 선정하는 책은 '긍정적인 가치관의 책', '미래 지향적인 책', '정의와 진실을 다룬 책', '온정과 사랑이 불의를 이기는 책'이다. 이런 명작들은 품위 있는 가치관을 표현하는 어휘가 많이 들어 있기 때문이다.

그런데 요즘 우리나라 어린이들이 탐닉하는 책은 이런 안목으로 볼 때 매우 걱정스러운 수준이다. 좋은 사람인가, 나쁜 사람인가로 편 가르는 흑백 논리의 책, 폭력을 우상화한 책, 엽기적인 사건을 다룬 괴기물이나 음란물, 남을 조롱하는 하급 유머, 잔인한 장면이 나오는 책이 많다.

책을 읽을 때 만나는 어휘들은 무언중에 독자에게 학습된다. 학습된 어휘는 두뇌와 의식 속에 자리 잡고 감정과 생각을 조정한다. 이로 인하여 인간은 자신의 머릿속에 저장된 어휘만큼만 이해하고, 느끼고, 생각하고, 행동할 수 있게 된다. 다시 말하면, 어린 시절에 읽은 좋은 책들은 좋은 어휘 모델을 제공하고, 질이 낮은 책들은 질이 낮은 어휘 모델을 제공한다. 그 어휘들은 우리가 말을 하거나 글을 쓸 때에 무의식적으로 표출된다. 좋은 어휘는 좋은 글을 만들고 좋은 인생을 만든다.

자녀의 어휘 코드를 알아보는 방법

1 위인전을 많이 읽은 아이 - 긍정적인 어휘의 소유자.

2 세계명작을 많이 읽은 아이 - 품위 있는 어휘의 소유자.

3 오락물을 많이 읽은 아이 - 가볍고 품위 없는 어휘의 소유자.

4 폭력물을 많이 읽은 아이 - 잔인하고 부정적인 어휘의 소유자.

05

메모는 글쓰기의 자료 창고

우리 아이는 책에다 낙서를 많이 해요. 낙서를 살펴보니까 맘에 드는 구절에 밑줄을 친 것도 있고, 중요하다고 생각한 것을 옮겨 적은 것도 있고, 책 내용과는 관계없는 것을 적은 것도 있어요. 우리 아이는 책을 지저분하게 쓰는 것 외에는 나무랄 데가 없는 아이랍니다. 공부도 잘하고 책도 잘 읽고 글쓰기도 잘합니다. 책에 낙서하는 것을 어떻게 할까요?

_울산시 남구 대학로 성진이 엄마

한국독서교육개발원 학부모 상담 칸에 올라온 어느 어머니의 질문이다. 내 답변은 '괜찮다'였다. 그리고 '메모하기 위해서는 반드시 자기 책이어야 하고, 책을 도서관이나 친구에게 빌려 보는 경우라면 메모광이 되기는 어려울 것'이라는 단서를 붙여 주었다.

떠오르는 생각은 바람처럼 스쳐 지나간다. 그때그때 메모해 놓지 않으면 연기처럼 사라진다. 메모해 두어야 내 것으로 남는다. 유명한 학자나 저자들 대부분은 메모광이었다. 특히 인류가 경탄해 마지않는 철학자 아리스토텔레스는 유별난 메모광이었다. 그는 책을 읽으면 중요한 것을 반드시 메모해 두었고, 그 방면의 전문가를 만나 다시 이야기를 듣고 자기 메모장에 기록해 두었다고 한다.

"천재가 따로 있는 것이 아니라, 메모광이 있을 뿐이다."

아리스토텔레스가 평소에 했던 말이다.

이렇게 메모를 하면 자기 고유의 것과 다른 사람의 것과의 경계가 불분명해지기도 한다. 그러나 걱정할 필요는 없다. 전래동화처럼 여기서 저기로 옮겨 가는 동안 지식이나 생각도 보태지고 발전하기 마련이다. 인류의 지식을 다음 세대에 전한 것이 바로 이 방법이었다.

독서가 아니어도 메모할 기회는 많다. 다른 사람과 대화를 하다가, 아름다운 경치를 보다가, 뉴스를 보다가, 여행을 하다가 문득 떠오르는 생각들이 있다. 그것을 적어 놓으면 된다. 이런 메모들은 두뇌 속으로 들어가 저장되기도 하고 다른 생각과 합성되어 새로운 생각을 만들어 내기도 한다. 그리고 말을 하거나 글을 쓸 때 튀어나와 글의 씨앗이 되거나 소재가 된다. 어린 시절에 메모 습관을 들이는 것은 글쓰기 자료 창고를 하나 짓는 것과 같다.

메모광으로 유명한 인물 중 에이브러햄 링컨이 있다. 그는 문득 문득 떠오르는 생각을 그때그때 메모해 두길 좋아했다. 누군가와 이야기하다가 '잠깐만' 하면서 메모할 정도였다. '국민의, 국민에 의한, 국민을 위한 정부'라는 유명한 문장은 남북 전쟁 기념식이 열리는 게티즈버그로 달리는 마차 안에서 떠오른 생각이었다. 그 메모를 쓰고 있던 모자 속에 넣어 두었다가 연설 중 꺼내 읽은 것이라는 일화가 전해진다.

'10년 동안 일기를 쓴 사람은 반드시 성공한다'는 말이 있다. 성공하는 사람에게 가장 필요한 것이 끈기이기 때문이다. 나는 '10년 동안 메모한 사람은 글쓰기를 잘한다'고 말하고 싶다. 메모장은 지식의 창고이고 말하기와 글쓰기의 자료 창고이기 때문이다.

아이의 메모 습관 기르는 방법

1 예쁜 메모 공책을 사 주세요.

2 좋은 문장을 보면 메모하게 하세요.

3 신기한 일을 보면 메모하게 하세요.

4 기분 나쁜 일, 기분 좋은 일도 메모하게 하세요.

5 꿈꾼 내용을 메모하게 하세요.

6 가끔 자신의 메모지를 읽어 보게 하세요.

질문하는 아이가 알맹이 있는 글을 쓴다

글쓰기를 하려면 '쓸거리'가 있어야 한다. 쓸거리란 내용이라고 불리는 소재와 주제다. 소재가 경험이나 사건이라면 주제는 생각이나 의견이다. 그런데 많은 아이들이 글을 쓰라면 쓸거리가 없다고 외친다. 아이들 나름대로 이제까지 살아왔고 학교도 다니고 친구와 놀기도 했고 책도 읽었는데, 왜 쓸거리가 없는 것일까? 경험 속에 자기 생각이 들어 있지 않기 때문이다. 자기 생각은 질문으로부터 시작된다.

우리가 어떤 사건을 경험하고 나면 머릿속에서 질문이 일어난다. 왜 그런 일이 일어났을까, 다음은 어떻게 될까? 이런 질문이 생기면 두뇌는 생각발전소를 가동시켜 의견을 내놓는다. 글이란 이런 생각들을 써 놓은 문장의 집합체다. 독창적인 생각, 아름다운 생각, 정의로운 생각이 들어 있는 글일수록 좋은 글이다. 반면에 질문 없이 두뇌 속에 저장된 지식은 대부분 자기 지식이 아니다. 교과서나 교사에게 비판 없이 배워 자동으로 저장된 지식일 경우가 많다. 이런 자동화된 지식으로 가득 찬 글은 무미건조한 글, 개성 없는 글의 표본이다.

우리는 모두 질문 천재로 태어났다. 세 살 아기였을 때를 떠올려 보자. 하루 종일 질문을 해서 엄마를 괴롭혔던 우리는 자라면서 질문이 줄었고 어른이 된 후에는 질문을 아예 피하게 되었다.

하버드대학교 아동심리학과의 폴 해리스 교수에 따르면 아이들은 2~5세까지 약 4만 개의 질문을 한다고 한다. 30개월 미만에는 물체의 이름과 같은 단순하고 사실에 입각한 질문을 하지만 30개월에 이르면 설명과 이유를 요구하는 추론적 질문을 한다. 이런 변화를 겪으면서 아이들의 뇌는 급속히 성장한다.

4세가 되면 아이들은 질문하기에 가장 이상적인 상태가 된다. 질문에 필요한 언어 기술을 습득했고, 뇌세포의 확장과 연결이 활발해서 하루 평균 390가지 질문을 한다. 이때 질문에 성실한 대답을 들었던 아이의 뇌와 무시당했던 아이의 두뇌는 격차가 벌어진다. 성실한 대답을 들었던 두뇌의 신경 세포는 분화하여 창조적으로 사고하며 질문을 잘하는 상태로 성장한다.

유치원에 들어가면 아이들의 질문은 현격하게 줄어든다. 특히 아이들에게 너무 많은 것을 가르치려 하는 유치원이나 문자 교육을 하는 유치원일수록 질문은 더욱 줄어든다. 읽기와 쓰기 기술은 학년이 올라갈수록 상승선을 타지만 질문 기술은 절벽에서 떨어지듯 급격히 줄어든다.

질문의 급격한 감소는 아는 게 많아져서가 아니다. 세상에 대한 흥미나 호기심이 떨어졌기 때문이다. 우리가 쓰지 않는 물건을 버리듯, 그동안 사용하지 않는 신경 회로는 필요 없다고 생각되어 스스로 제거하는 자동 시스템인 '시냅스 가지치기(synaptic pruning)'가 두뇌에서 일어나기 때문이다.

글쓰기란 그것이 논설문이든, 기행문이든, 설명문이든, 시든, 소설이든 보다 나은 세상을 위한 제언이다. 좋은 글이라고 칭송되는 글을 보면, 있는 세상에서 있어야 할 세상으로 가고자 하는 변혁의 의지가 담겨 있다. 자녀가 좋은 글을 쓰기 원한다면 부모가 먼저 질문을 환영하고, 더 좋은 질문을 하도록 유도해야 한다. 질문은 새로운 세상을 여는 가장 신선하고 강력한 매체다.

강남의 한 초등학교에서 글쓰기 수업을 하며 학생들과 하루 종일 함께 지낸 적이 있다. 초등학교 6학년인 그들은 비슷한 장래 희망을 가지고 있었고, 유행하는 옷을 입었고, 유행하는 노래를 불렀고, 유행하는 게임을 했다. 혹시 유행을 놓치거나 다른 학생들과 다를까 봐 걱정하는 아이들도 많았다. 대다수의 아이들과 다른 생각을 하게 될까 봐 열심히 유행을 따르고, 혹시 다른 생각을 하는 것이 알려져 '왕따'가 될까 봐 두려워하는 아이들이 안쓰러웠다. 모두가 유행만 따르는 삶 속에서 질문이 일어날 수 있을까. 질문 없는 완전 일치의 유행 속에서 글을 쓰면 모두 비슷비슷한 글이 나올 수밖에 없지 않을까. 예나 지금이나 아이들 입에서 "쓸거리가 없어요!"라는 외침이 나오는 것은 당연한 일이 아닌가. 독특한 생각과 의견이나 질문만이 아이들에게 쓸거리를 가져다줄 수 있다.

세상 경험과 관심은 글쓰기의 에너지

한 가난한 소녀가 길을 가다가 바람결에 풍겨 오는 향기에 발걸음을 멈추었다. 달콤하고 그윽하며 온몸을 간질이는 향기. 저택의 담 안에서 밖을 향해 가지를 늘어뜨린 라일락 나무에 보라색 작은 꽃들이 옹기종기 붙어 있다. 아이는 저도 모르게 까치발을 딛고 꽃가지를 꺾으려고 했지만, 남의 눈이 무서워 그만두었다. 아이는 담 밑에 쪼그리고 앉아서 오랫동안 생각에 잠겼다. '저 향기를 늘 가지고 다닐 수 있다면….

이 아이가 나중에 세계적인 향수 '샤넬 NO.5'를 만든 코코샤넬이다. 먼 훗날 세계 패션계를 주름잡게 된 이 소녀는 어려서부터 세상일에 관심이 많았다. 그녀를 연구한 학자들은 그 강력한 호기심이 수많은 업적을 남긴 원동력이라고 말한다.

외부에서 시작된 자극이 내부의 감정과 만나 긴장을 만들어 내고, 이 두 가지가 일치되면서 사고는 시작된다. 외부의 자극이 없으면 인간의 두뇌는 움직이지 않는다. 세상으로부터 들어온 자극은 신경을 자극하고 욕망을 만들어 낸다. 그 욕망이 두뇌에 전달되면서 생각발전소를 가동시키고 창의적인 문제 해결 방법을 찾아낸다.

이런 '자극 → 사고 → 문제 해결' 과정은 글쓰기의 과정과 흡사하다. 글을 쓰려면 먼저 의문이 생겨야 하고 의문으로부터 해결해야 할 과제가 확정된다. 과제는 스스로의 사고 과정에서 발생하기도 하고 외부로부터 주어지기도 한다. 그 과제를 해결하는 과정이 바로 글쓰기다.

예를 들어 《톰 아저씨의 오두막》을 쓴 스토 부인은 어느 날 흑인 노예 시장을 지나다가 팔려 가는 아기를 보며 울부짖는 여인을 보았다. 그 장면은 그녀의 가슴속에 박혀서 떠나지를 않았고 결국 《톰 아저씨의 오두막》이라는 명작을 쓰게 되었다. 서양 속담에 '좋은 글은 써지는 것이 아니라 발견되는 것'이라는 말이 있다. 정말 좋은 글은 책상머리에서 써지는 것은 아닌 것 같다.

세상은 우리에게 다양한 관점을 보여 주고, 사고를 왕성하게 하고, 문제 해결의 길로 안내한다. 그래서 세상 구경을 많이 한 아이들은 세상의 문제를 해결할 능력이 더 풍부해지고, 글쓰기나 논술 고사에서 현실적이고도 유용한 대안을 더 많이 제시할 수 있다. 자신의 내부에 유용한 대안이 가득 차 있고, 그것들이 멋진 해결 방안을 제시할 때 글쓰기란 얼마나 즐거운 작업일까?

어려서부터 세상 돌아가는 일에 관심을 갖기 위해서는 어떻게 해야 할까? 교과서와 참고서를 들여다보는 것으로는 세상에 대한 관심을 높일 수가 없다. 텔레비전 뉴스도 열심히 보고, 신문도 빼놓지 말고 보아야 한다. 그리고 인터넷에 들어가 전문 분야 토론방에서 누리꾼들이 무슨 이야기를 하는지도 읽어 보아야 한다. 그래야 세상 돌아가는 것을 정확하게 알 수 있다. 여행 가는 기차 안에서 다른 사람들의 표정을 보는 것, 시장에 가서 잘 팔리는 물건을 알아보는 것, 낯선 외국 친구들과 만나 이야기를 나누는 것도 모두 세상 돌아가는 일을 알아보는 활동이다.

대학 입시를 좌우하는 논술 고사도 세상 돌아가는 이야기에서 출제된다. 우리가 살아가면서 겪는 보편적인 문제들에 대한 창의적인 해결 방안을 묻는 것이 대부분이다. 어느 나라에서나 '가족', '건강', '환경 문제', '빈부 격차', '분쟁 해결', '인권', '먹거리' 문제가 공통 주제가 된다. 모든 글쓰기나 논술 고사의 핵심은 세상에서 일어나는 문제의 해결 방안을 찾는 것이다. 그러므로 세상 돌아가는 일에 관심이 없는 아이들은 글쓰기나 논술 고사에 대한 감각이 둔할 수밖에 없다.

신나게 쓰는 것도 능력

진실을 말하기만 한다면, 자신의 깊은 속에서 우러나오는 진실을 이야기 한다면 누구에게나 글쓰기는 신나고 즐거운 일이 된다. 그러나 진실을 말하지 않고, 자신의 깊은 곳으로부터 분출되는 말이 아닌 것을 쓰려고 한다면 글쓰기는 고통일 뿐이다.

글쓰기 교육 전문가 브렌다 유랜드는 그의 저서 《글쓰기의 유혹》에서 '즐겁게 쓰는 비결은 진실을 말하는 것'이라고 주장한다. 한편, 《누구나 글을 잘 쓸 수 있다》의 저자 로버타 진 브라이언트는 즐겁게 쓰기 위해서는 '학벌도, 돈도, 우수한 두뇌도 필요 없다. 배짱만 있으면 된다'고 주장한다. 그는 이 이론을 가지고 20여 년 동안 글쓰기 세미나와 강좌를 열며 글쓰기에 주눅 든 사람들에게 용기를 주고 있다. '1만 시간의 법칙'을 주장하는 학자도 있다. 《아웃라이어》의 작가 말콤 글래드웰은 비틀즈, 빌 게이츠, 어니스트 헤밍웨이 등 '보통 사람들의 범주를 뛰어넘어 탁월한 성공을 거둔 사람들은 모두 1만 시간의 법칙을 실행한 사람들이었다'고 주장하며 끈기의 중요성을 강조한다.

글쓰기 전문가이자 베스트셀러 작가인 이들의 주장을 종합하면 즐겁고 신나게 쓰는 비결은 '진실+배짱+1만 시간의 훈련'이라는 공식이 나온다. 반갑게도 이 공식은 내 의견과 비슷하다. 나는 글쓰기를 배우려는 분들에게 늘 말한다.

"솔직하게, 내 멋대로, 꾸준히 쓰면 누구나 잘 쓸 수 있다. 그러나 가식적으로 쓰고, 남들처럼 쓰고, 가끔씩만 쓴다면 누구도 잘 쓸 수 없다."

여행기를 써서 베스트셀러 작가가 된 한비야 씨가 책을 쓰게 된 계기를 읽은 적 있다. 어느 날 평소 알고 지내던 잡지사 관계자가 여행 소재가 좋다며 책을 내자고 하는 바람에 얼떨결에 약속을 하고 나서 한비야 씨는 고민에 빠졌다. 여행 경험은 많았지만 막상 쓰려고 하니 머리를 쥐어짜도 글이 나오지 않았던 것이다. 그러던 어느 날 그녀는 깨달았다. '그래 나는 전업 작가가 아니야. 꼭 멋지게 써야 하는 건 아니지. 그냥 내 스타일대로 쓰자. 친한 친구에게 신나게 내 이야기를 들려주는 것처럼 쓰자'고 결심했다. 마음을 고쳐

먹고 나니 그날부터 거짓말처럼 글이 술술 나오더라고 했다.

나에게 재능이 있다는 것, 나도 독창적일 수 있다는 것을 명심한다면 누구나 자유롭고 신나게 글을 쓸 수 있다. 자신의 깊은 내면에 잠자고 있는 생각을 불러내고 진실을 꺼내기만 한다면 누구나 신나게 쓸 수 있다. 자유롭지 못하고 신나지 않는 것은 자신의 깊은 곳에서 생각을 꺼내지 못하기 때문이다. 글쓰기의 즐거움은 자신의 재능을 확인하는 순간에 불타오르기 시작한다.

재능 없는 사람은 없다. 하고 싶은 말이 있고, 글을 써야 할 필요를 느끼고, 글을 쓰고 싶어 하는 이상 누구나 재능은 있다. 자유롭고 신나게 써라. 천재가 따로 있는 것은 아니다. 신나게 써야 좋은 글이 나온다. 자유롭게 써야 좋은 글이 나온다. 재능은 자유롭고 신나게 쓸 때 강력한 힘으로 터져 나온다. 글의 힘은 잘 다듬어진 형식에서 나오는 게 아니라 마음에서 우러나온 진실한 내용에서 나온다.

"사람에게 감동을 주는 글은 머리로 쓴 글이 아니라 가슴으로 쓴 글이다."

평소에 톨스토이가 자주 한 말이다. 가슴속에 할 말이 없는 사람은 없다. 마음속 깊은 곳에서 흘러나오는 샘물처럼 터져 나오는 것을 글로 적으면 된다. 그래야 개성 있는 글이 된다. 가슴으로 쓴 글은 정직하고, 꾸밈이 없으며, 진실하다.

지난 30여 년 동안 독서와 글쓰기에 대해 연구하면서 알게 된 것은 누구나 글쓰기 재능을 가지고 있다는 사실이다. 그리고 한 가지 놀라운 것은 재능이 없을 것만 같던 사람들이 오히려 실력이 더 빨리 는다는 사실이다. 그 이유는 그들이 보다 자유롭게 쓸 수 있었기 때문이다. 작은 재능이라도 가지고 있던 사람들은 이미 형성된 그 능력을 깨고 나오기가 쉽지 않았다. 그래서 어른보다 아이들의 글쓰기 실력이 더 빨리 향상되나 보다.

즐겁고 신나게 쓰는 방법

1 정직하게 쓰기. 그러면 글쓰기가 즐겁다.

2 배짱 있게 쓰기. 자신을 믿으면 배짱이 생긴다.

3 재미로 쓰기. 의무를 잊어버리면 재미가 생긴다.

4 무조건 쓰기. 생각날 때 무조건 쓰면 글쓰기가 즐겁다.

5 자꾸자꾸 쓰기. 1만 시간을 쓰면 어느덧 성공한다.

이야기 만들기는 맛있는 글의 필수 요소

인간의 두뇌는 사실의 나열보다 이야기를 좋아한다. 아득한 옛날 문자가 없던 때에 인류의 조상들은 이야기 형태의 구전 동화를 만들어 생존에 필요한 온갖 지식과 지혜를 후손에게 전해 주었다. 그래서 인류의 두뇌 속에는 이야기를 좋아하고 창조하는 유선 인자가 새겨져 있다고 인류학자들은 말한다.

아이들은 이야기를 통해 단어를 배우고, 이야기를 통해 도덕적 감성을 기르고, 이야기를 통해 소통하고 감동을 받는다. 아동기에 접하는 이야기는 지리적으로 시각적으로 멀리 떨어져 있는 다른 사람들의 관점을 배울 수 있는 기반을 제공한다. 사람들은 글을 읽다가 가슴이 찡하거나 눈물이 핑 돌면 '좋은 글을 읽었다'고 말한다. 이런 감동은 백일장이나 논술 고사에서 잘 쓴 글을 고를 때 중요한 기준이 되고, 서점에서 잘 팔리는 책을 결정짓기도 한다.

우리 주위에는 타고난 이야기꾼이라 불리는 사람들이 있다. 생각을 이야기로 만드는 기술이 뛰어난 사람이다. 이들은 대개 베스트셀러 작가나 스타 강연가가 된다. 《우리는 사랑일까》의 저자 알랭 드 보통, 《정의란 무엇인가》의 저자 마이클 샌델은 세계적인 이야기꾼이다. 우리나라의 이어령, 최재천 같은 강연가나 《토지》의 작가 박경리, 《태백산맥》의 작가 조정래도 타고난 이야기꾼이라 불린다. 이런 사람들의 말이나 글을 보면 예외 없이 스토리텔링이 보인다.

말이나 글의 재미는 이야기를 통하여 발생한다. 우수한 내용을 가지고 있어도 이야기가 부실하면 전달력을 잃는다. 이야기가 탄탄하면 이해도 잘되고 기억도 잘되어서 읽히는 글이 된다. 스토리텔링이란 이야기를 이야기답게 만드는 기술이고 글 속에 혼을 넣는 방법이다. 좋은 이야기는 기억하기 쉽고 잊혀지지 않는 마력을 가지고 있다. 예수, 석가, 공자, 마호메트 같은 인류의 스승들은 그들의 생각을 이야기로 만들어 청중에게 들려주었다. 만약에 그들이 그 훌륭한 사상을 논설조로 남겼다면 누가 기억하겠는가? 남녀노소에게 시대를 관통하여 전달되는 성인들의 교훈은 이야기를 타고 지금까지 전해진다.

이야기는 일정한 흐름 속에서 구성된다. 일반적으로 원인과 결과의 법칙, 기승전결의 법칙을 따른다. 다음은 아이들에게 이야기 만들기를 연습시킬 때에 유용한 방법들이다.

첫째, 그림을 이야기로 바꾸는 연습이다. 3~4세가 되면 아이들은 스스로 이야기를 만들기 시작한다. 글자를 읽을 줄 몰라도 그림을 보고 중얼거린다. 그림책을 보고 이야기를 만드는 과정은 좌뇌와 우뇌를 동시에 자극하는 두뇌 운동이다. 특히, 글자 없는 그림책 읽기는 문장의 도움을 받지 않고 이야기를 만드는 방식이기에 창의성도 길러 준다.

둘째, 들은 이야기를 전하는 방법이다. 우리가 들은 이야기를 전할 때, 들은 그대로 전하는 사람은 없다. 자신의 상상력과 창조력을 동원하여 작은 이야기를 보태기도 하고 표현을 더 생생하게 꾸미기도 한다. 이런 활동은 상상력과 창의력을 기르는 동시에 이야기 만들기 능력도 길러 준다.

셋째, 읽은 이야기 전하기도 좋다. 책을 읽고 그 이야기를 짧게 줄여 전하는 활동은 이야기 만들기 능력을 길러 준다. 같은 글이라도 전하는 사람에 따라 다른 이야기를 전하는 것은 자기 나름의 독창성을 부여하기 때문이다. 남과 다른 이야기를 만들 때는 칭찬해 주는 것이 좋다.

넷째, 기승전결, 원인과 결과의 법칙을 따른다. 아이들이 이야기를 구성할 때는 원인과 결과가 들어 있는지, 기승전결의 흐름이 있는지를 스스로 확인하게 하는 것이 좋다.

2,000자 벽을 넘으면 글쓰기의 자신감이 생긴다

"우리 반 아이들은 원고지 다섯 장 이상의 글을 쓰지 못한다. 다섯 장만 넘어가면 쓸거리가 없다고 난리다. 그리고 써 놓은 글을 보면 횡설수설이 태반이다. 지난해 미국으로 연수를 갔을 때 초등학교 5학년 아이가 A4 용지 다섯 장 분량의 글을 쓰는 것을 보았다. 어떻게 하면 우리 아이들도 긴 글을 쓸 수 있을까. 그것이 이번 학기 나의 연구 과제다."

인천의 M초등학교 5학년 담임의 연구 발표 내용이다. 그렇다. 우리나라 학생들은 긴 글을 쓰지 못한다. 일본, 프랑스, 미국 학생들에 비하면 글의 길이가 무척 짧다.

아이들이 긴 글을 써야 하는 이유는 그들이 항상 초등학생에 머물지만은 않기 때문이다. 곧 긴 글을 써야 할 중학생이 되고 고등학생, 대학생도 된다. 인간은 나이가 든다고 갑자기 긴 글을 쓰는 능력이 생기지는 않는다. 1,000자를 써 본 다음에야 1,500자를 쓰고, 1,500자를 써 본 다음에야 2,000자를 쓰고, 3,000자를 쓸 수 있게 된다.

일반적으로 육하원칙과 기승전결이 완벽한 글을 쓰려면 최소한 2,000자 정도가 필요하다. 또 2,000자를 쓸 수 있으면 그때부터 더 길게 쓸 수 있는 힘이 생긴다. 2,000자란 원고지로 치면 열 장, 컴퓨터로 치면 A4 용지 두 장 정도다. 이 길이는 동서양을 막론하고 긴 글을 쓸 수 있는 상징적인 힘으로 간주된다.

> 선생님, 우리 아이는 긴 글을 쓰지 못해요. 중학교 1학년인데 원고지 네다섯 장을 채우지 못해요. 친구 아들은 열 장도 거뜬히 쓴다는데, 우리 아이는 왜 긴 글을 쓰지 못하는 것일까요? 길게 써 보라고 하면 쓴 말을 또 써요. 왜 그럴까요? 글짓기 대회나 논술 고사에서는 긴 글을 써야 하는데 걱정입니다. 단시간 내에 길게 쓸 수 있는 방법을 가르쳐 주십시오.
>
> _서울 서초구 양재동에서 답답한 아버지

이 아이는 서술형·논술형 시험 앞에서 도망치고 싶은 심정일 것이다. 이런 학생을 치료하기 위한 연구에서 두 가지 사실이 밝혀졌다. 하나는 긴 글을 쓰지 못하는 아이들 대부분이 책 한 권을 제대로 읽는 독서보다 참고서의 조각 글이나 요약본만 읽어 왔고, 다른 하나는 길게 쓰는 연습을 아예 해 본 적 없다는 사실이다.

첫 번째 경우, 부모와 학원 강사의 잘못으로 돌려야 할 것 같다. 가장 바람직한 독서는 제대로 된 책을 한 권씩 읽는 것이다. 그림책도, 동화책도, 소설책도 한 권을 오롯이 읽는 것이 독서다. 그런데 편리함을 추구하는 학습지 교재는 책을 한 권 읽는 대신 조각 글을 읽고 문제를 풀게 한다. 이런 아이들은 5분 이상 읽어야 하는 조금만 긴 글을 만나도 머리가 아프다고 호소한다. 실험 중에 만난 어떤 아이는 다섯 줄만 읽으면 슬며시 화가 난다고 말했다. 이들이 긴 글을 쓰는 것은 불가능하다. 일반적으로 읽기의 호흡이 짧으면 쓰기의 호흡도 짧다. 그래서 조각 글만 읽으면 조각 글만 나오고, 긴 글을 읽을 수 있어야 긴 글을 쓸 수 있다.

두 번째 경우는 교육의 제도적 잘못에서 비롯된 결과다. 우리나라 학생들은 초등학교 1학년 때부터 선다형 시험에 길들여진다. 서술형 시험이 없었기에 글을 길게 쓸 필요가 없었다. 길게 쓰는 것을 배우지 못한 아이들에게 갑자기 길게 쓰라니 당연히 고통스러울 수밖에 없다. 긴 글을 쓸 능력이 없어서가 아니라 제대로 된 교육이 없었던 것이다.

긴 글을 쓰지 못하는 아이들에 대한 반성으로 빼놓을 수 없는 것은 결과 중심 글쓰기다. 우리나라의 글쓰기 교육은 오랫동안 형식주의 글쓰기를 추종해 왔다. 그로 인해 글은 무조건 서론, 본론, 결론으로 나누어 써야 한다는 형식주의가 맹위를 떨쳤다. 그러나 글쓰기에서 중요한 것은 형식이 아니라 내용이다. 글 속에 넣을 내용을 구성하지 못하는 아이에게 형식이란 바람 빠진 풍선에 불과하다.

결과 중심으로 접근할 때에 아이들은 목표에 도달하기 위해 무턱대고 길을 나선다. 그러나 계획 없이 여행 떠난 나그네가 노자가 떨어지면 꼼짝달싹 못하게 되듯이 무턱대고 시작하는 글쓰기도 쓸 말이 떨어지면 꼼짝달싹 못하게 된다. 글쓰기는 여행과 같다. 먼 길을 떠나는 사람일수록 준비를 철저히 해야 한다. 긴 글을 쓰기 위해서는 긴 글을 재미있게 읽을 수 있는 능력부터 길러야 한다.

2,000자 쓰기를 위한 훈련 방법

1 긴 글 읽기 습관을 들인다.

2 대충 쓰기에서 구체적 쓰기로 바꾼다.

3 육하원칙에 따라 쓰면 쓸거리가 많아진다.

4 브레인스토밍을 한 후에 쓰면 쓸거리가 많아진다.

5 대화체를 섞어서 쓰면 분량이 길어진다.

6 일기를 1,000자 분량으로 일주일 동안 쓴다.

7 일기를 2,000자 분량으로 일주일 동안 쓴다.

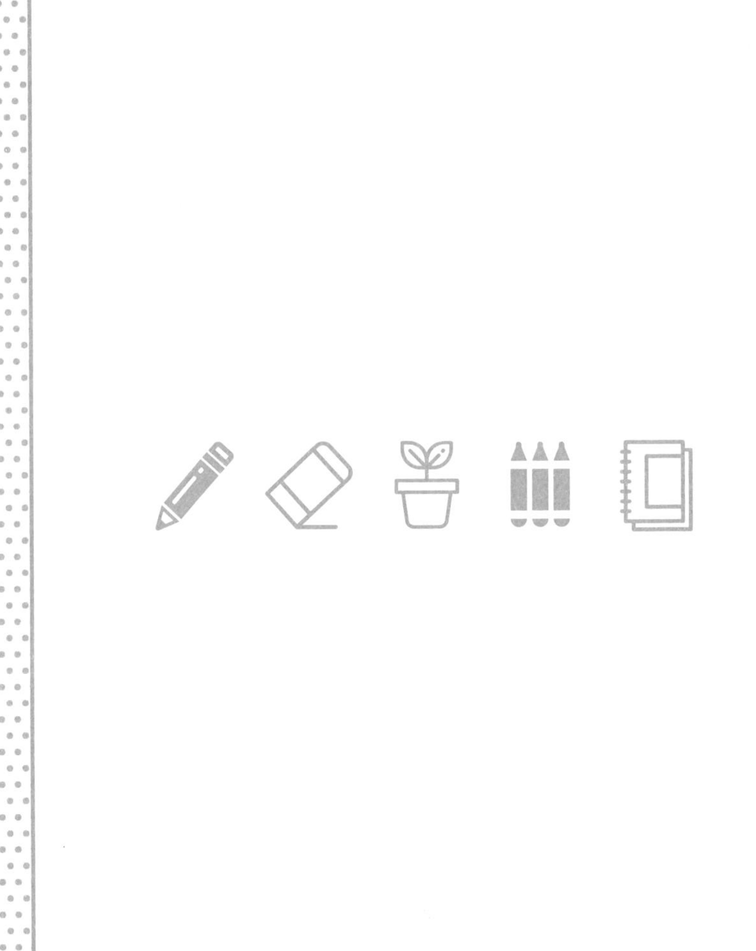

3장

공부머리를 완성하는
글쓰기 전략 2단계:

하루 15분,
생활 속에서 기르는
글쓰기 습관

뉴스 보고 일기 쓰기

초등학교 2학년 딸아이 때문에 글을 올립니다. 아이가 일기를 매일 똑같이 써서 속상합니다. 이모가 결혼한 날, 할머니가 오신 날, 심지어는 엄마 생일날에도 늘 같은 일기만 써요. 왜 그럴까요? 특별한 날에는 좀 다르게 쓰라고 하면 '참 재미있었다'라고만 씁니다. 원인을 파악해서 고쳐 주고 싶어요.

_경주에서 희진 엄마

심리학에서는 일기를 '현실에서 벗어나려는 몸짓'으로 정의한다. 그래서인지 '일기를 10년 이상 쓴 사람은 어떤 분야에서든지 반드시 성공한다'는 격언도 생겼다. 그만큼 일기는 자기반성과 도전의

식을 담고 있는 창의적인 두뇌 활동의 결과물이다.

누군들 똑같은 일기를 쓰고 싶겠는가? 이 아이도 괴로웠을 것이다. 인간의 두뇌 활동은 워낙 창의적인 과정이어서 독창적인 일을 할 때에는 즐겁지만, 똑같은 행동을 반복할 때에는 괴로움을 느낀다. 그럼에도 불구하고 아이가 이렇게 똑같은 일기를 쓴 이유는 무엇일까?

어머니의 걱정대로 아이의 일기에는 사건만 나열되어 있었다. 사건 중에서도 '학교 갔다 왔다', '텔레비전을 보았다', ' 밥 먹었다', '숙제했다'와 같이 매일 일어날 수 있는 사건의 나열이 가장 많았다. 이렇게 사건만 쓰는 수준에서 벗어나지 못하는 한, 일기는 매일 똑같을 수밖에 없다. 우리가 잘 알고 있듯이 요즘 아이들의 일상이란 다양하지도, 획기적이지도 않다. 다람쥐 쳇바퀴 돌 듯 학교와 학원과 집을 오가는 것이 그들의 생활이다. 그래서 자신이 한 일로만 일기장을 채우면 당연히 일기가 매일 똑같은 내용일 수밖에 없다.

이 아이의 문제는 하루의 의미를 파악하는 '마음의 눈'이 없다는 데 있다. 아이들이 매일 다른 일기를 쓰려면 하루하루를 다르게 인식해야 한다. 즉, 어제와 다른 오늘의 의미를 발견해야 한다. 그 방법으로 가장 간단하고 효과적인 게 '뉴스 보고 일기 쓰기'다.

사회에서는 매일 새로운 뉴스가 넘쳐 난다. 그중 하나를 잡아 생각한 뒤 일기 쓰기를 하면 매일 다른 일기를 쓸 수 있다.

"다음 소식입니다. 어린이들이 먹는 유제품 중 당분 허용치가 초과된 제품들이 유통되고 있습니다. 이 제품들 대부분은 유명 회사의 제품들로서 용기에 '무설탕 첨가제'라고 표기되어 더욱 공분을 사고 있습니다. 보건복지부의 보고에 따르면 어린이용 우유에 무설탕이라고 표시한 제품 중 일부가 발암 성분을 포함한 설탕 대용 감미료를 허용치보다 80배나 더 사용하고 있었습니다. 이 업체 간부는 용기에 무설탕이라고 표시한 것은 설탕을 넣지 않았다는 의미일 뿐이라고 말해 소비자를 충격에 몰아넣었습니다."

어느 해 연말, 매스컴은 일제히 이런 뉴스를 쏟아 냈다. 아이가 있는 가정이라면 더욱 분노했을 것이다.

"이제 우유를 끊어야겠네."

"세상에, 아무리 돈이 좋대도 아이들 먹는 걸 가지고 장난을 치다니!"

아이 앞에서 이런 분풀이 멘트나 쏟아 낸다면 아무 이득이 없다. 무설탕 제품이라고 속여 판매한 유명 업체에 따지러 갈 수도 없다. 현명한 부모라면 다르게 반응해야 한다. 예를 들어 다음처럼 반응할 수도 있다.

"수진아, 유명 회사가 왜 '무설탕'이란 표시를 하고도 허용치보다 80배나 강한 감미료를 넣었을까?"

"달아야 사 먹으니까 그랬겠지."

"그래? 그럼 소비자들은 무설탕이라고 써 있는 우유가 단 데도 왜 이상하다는 생각을 안 했을까?"

"우유갑을 제대로 안 보니까 그렇지 뭐."

"그럼 소비자들의 잘못도 있는 거네?"

"엄마, 정말 이제는 뭐든 사 먹기 전에 먼저 포장지를 읽어 봐야겠어. 무설탕인데 달다면 의심해야 하는데, 그동안 사람들이 사 먹고도 아무 말을 안해서 계속 속인 거잖아?"

아이와 이렇게 이야기를 주고받는다면, 그동안 유해한 감미료를 먹어 온 손해를 조금은 만회할 수 있다. 그리고 아이는 그날 일기장에 자신의 생각을 담은 알차고 색다른 일기를 쓸 수 있을 것이다.

매일 다른 일기를 쓰는 비결

1 오늘의 가장 중요한 사건을 찾는다.

2 그 사건이 일어난 이유를 알아본다.

3 그 사건에 대한 나의 느낌이나 생각을 쓴다.

4 같은 내용이라도 시로 쓰면 달라진다.

5 그림을 곁들여 쓰면 더 재미있는 일기가 된다.

이메일 주고받기

서영아, 오늘 학교 가는 네 모습을 우연히 보았어. 너는 돌멩이를 툭툭 차며 걸어가더구나. 친구가 말을 거는데 대답도 안 하고. 뭐 속상한 일 있었니? 혹시 숙제를 안 해서 그랬던 걸까?

_걱정되는 아빠가

아빠의 추리는 완전히 틀렸어요. 숙제 때문이 아니라 아바타 때문이에요. 아바타 옷이 초라해서 새 옷을 사 입히고 싶은데 용돈이 떨어졌지 뭐예요. 엄마에게 부탁했지만 끄덕도 안 하세요. 이달 말까지는 한 푼도 줄 수 없대요. 아빠, 내가 추리해 볼까요? 아빠는 초등학교 때 숙제를 안 해 간 적이 많았지요? 맞지요? 사람은 누구나 자기 경험에 의하여 다른 사람을 판단한다는 것쯤은 저도 알아요. 후후.

_명탐정 서영

회사원 아빠와 초등학생 딸의 이메일 대화다. 아빠는 회사에서 점심시간에 썼고, 딸은 학교에서 돌아온 오후에 썼다. 아버지는 회사가 끝난 다음에 퇴근하여 아이에게 물어볼 수도 있고, 아이는 메일을 본 즉시 전화를 걸어 대답할 수도 있다. 그러나 이 부녀는 이렇게 이메일로 대화한다. 그런데 딸과의 이메일 대화를 시도한 아빠에게는 특별한 교육적 기대가 있었다. 생활 속에서 글쓰기의 준비 운동을 시켜 주자는 계획이다.

글쓰기 준비 운동은 짧은 글을 쓰는 것으로 시작된다. 쪽지나 이메일, SNS 글쓰기가 그에 해당한다. 처음부터 긴 글을 쓰게 하는 것은 무리다. 글쓰기 체질이 되기 위해서는 간단한 글부터 시작하는 것이 원칙이다. 한 편에 한 가지 생각만 담는 글. 이것이 쪽지, 이메일, SNS 글쓰기다.

자녀와 이메일을 주고받으려면 기회를 잡는 기술이 필요하다. 첫째, 칭찬할 때 쓰면 좋다. 말로 하는 칭찬보다 글로 하는 칭찬이 오래간다. 칭찬의 효력을 오래가게 하는 방법으로 이메일을 이용하는 것이다. 둘째, 성교육과 같이 말로 하기가 거북스러운 내용을 이메일로 보내면 좋다. 자세하게 말할 수 있으므로 매우 효과적이다. 셋째는 꾸중하기에 사용하면 좋다. 말로 할 때는 감정이 격해져서 안

해야 할 말도 하게 되는 경우가 많다. 이메일로 쓰면 객관적이고 이성적으로 대응할 수 있어 더 좋은 결과를 낳는다.

자녀와 이메일을 주고받을 때 규칙을 정해도 좋다. 보내는 쪽에서 산문으로 쓰면 답장도 산문으로 하고, 시로 된 이메일을 받으면 시로 답장 쓰기 같은 규칙이다. 또한 이메일은 귀가 어두운 노인들과 이야기할 때에도 편리하다. 목청을 높여 소리 지르지 않아도 되니 자연스럽게 대화를 나눌 수 있다. 멀리 계신 할머니 할아버지나 친척들과 이메일을 주고받으면 매우 아름다운 가족 관계가 형성된다.

인터넷에 댓글 달기

어느 날 초등학교 6학년인 아들아이가 열심히 컴퓨터 자판을 두들기고 있었다. 등 뒤에서 들여다보니 누군가의 글에 댓글을 달고 있었다. 그런데 내 아이 글에나 남의 아이 글에나 모두 욕설이 난무한 게 아닌가. '왜 이렇게 욕을 하느냐?'고 엄마가 물으니까 아이가 대답한다.

"뭐, 어때요? 모르는 아이인데요. 그 애가 찾아올 수도 없잖아요."

아이의 대답을 듣는 순간 엄마는 깜짝 놀랐다. 내 아이쯤은 지킬 수 있다고 생각했는데 너무도 순진한 마음이었다는 것, 내 아이를 나 혼자 지키기에는 인터넷의 힘이 너무나 세다는 것에 아찔했다. 이때 엄마가 물러앉아 한숨만 쉰다면 남는 게 무엇일까? 그래서 말했다.

"잠깐! 그럼 나도 댓글 좀 달아 볼까?"

"엄마가요?"

"응. 엄마라고 댓글 못 달란 법 있니? 대통령도 다는데."

엄마는 욕설로 일관된 어느 아이의 글에 댓글을 달았다.

인터넷에 글을 쓰는 것은 마치 가면무도회를 즐기는 것 같구나. 얼굴도 이름도 보이지 않으니. 그러나 가면무도회라고 함부로 욕을 하면 가면무도회가 어떻게 될까? 원래 신사는 가면무도회에서도 무례한 행동을 하지 않는 법이지. 이렇게 욕설로 글을 쓰면 자신의 스트레스가 풀릴까? 이 글을 읽는 사람들은 기분이 몹시 좋지 않을 거야. 결국 자신의 스트레스를 다른 사람에게 전염시키는 거지. '언어는 영혼의 표현'이라는 말이 있어. 욕설을 쓰면 자기 영혼을 더럽히게 된다는 걸 잊지 마.

다음 날 보니 엄마의 댓글에 다른 댓글이 네 개 달려 있었다. '싸가지 없게 잘난 척하긴. 너 범생이지?', '새가 날아가다가 니 대가리에 똥이나 찍 싸라', '맑은 정신 님. 넘넘 좋아요', 'ㅎㅎㅎㅎㅎ ㅋㅋㅋㅋㅋㅋ'. 엄마는 또 댓글을 달았다. 범생이라고 한 아이에게는 재미있는 이야기를 들려주었다. 새똥을 맞으라고 한 아이에게는 새에 관한 아름다운 시를 써 주었다. 그리고 맑은 정신 님이라고 부른 아이에게는 감사의 말을 써 주었다.

그리고 다음 날 다시 들어가 보았다. 아이들의 말씨가 좀 누그러져 있었다. 다시 댓글을 달았다. 다음 날에는 아이들의 정중한 댓글이 올라왔다. 이렇게 일주일 동안 인터넷 속에서 아이들을 사귀었다. 아이들의 문장은 눈에 띄게 품위 있어졌다. 전투적인 글쓰기가 화합적인 글쓰기로 바뀌는 순간이었다.

이제는 인터넷을 아이들로부터 떼어 낼 수 없는 세상이 되었다. 그러므로 건전하게 이용하는 방법을 길러 주는 것이 부모의 역할이다. 특히 글쓰기로 상을 한 번도 타지 못한 아이, 글쓰기라면 도망가는 아이들에게 인터넷 댓글 달기는 글쓰기에 재미를 붙일 수 있는 기회를 제공한다. 또한 더 멋진 글을 쓰고 싶다는 욕망과 함께 오랫동안 글을 쓸 수 있는 집중력도 생긴다.

인터넷은 자신을 감출 수 있다는 점 때문에 매우 자유로운 공간이다. 글을 조금 못 써도, 맞춤법이 틀려도 주눅 들지 않고 글을 쓸 수 있다. 실제로 아이들은 담벼락에 낙서하듯 댓글을 쓴다. 자유로움과 익명성. 이것이 글쓰기를 두려워하는 아이들도 인터넷에 편히 글을 쓰게 하는 장점이 된다.

그러나 오히려 아이를 버릴 수도 있다는 것을 명심해야 한다. 저속한 단어, 좋지 않은 문장만 보고 배운다면 이익보다는 손해가 더 클 것이다. 그러므로 아이가 방문해도 좋을 건전한 사이트를 고르고 부모와 아이가 함께 댓글을 달아 보는 것도 좋다. 요즘 유행하는 칭찬방을 이용하는 것도 좋다.

광고 보고 생각 쓰기

아기는 7개월이 되던 무렵부터 말을 배우기 시작했다. 엄마, 아빠, 코카콜라, 형, 하무니(할머니) 순서로 말을 배웠다. 엄마, 아빠 다음으로 코카콜라를 말하다니! 그만큼 당시 TV에서 코카콜라 광고를 자주 볼 수 있었다. 광고의 힘은 그다음에 나타났다. 아이가 세 살 때 동네 구멍가게에 갔는데 코카콜라를 보자마자 가리키며 사 달라고 조르는 게 아닌가. 이가 상할 수 있어서 안 된다고 하자 아이는 울고불고했다. 어찌나 요란하고 서럽게 울어 대는지 안 사 주고 배길 도리가 없었다. 그 아이는 지금 40대의 코카콜라 매니아가 되었다.

위에 등장하는 아이는 나의 둘째 아들이다. 이처럼 광고는 아이들의 생각과 행동을 지배한다. '방송연구(2010, 겨울호)'에 의하면 구매 요구를 거절당했을 경우, 65%의 어린이가 불행감을 느끼고 48%의 어린이가 부모와 불화가 생긴다고 한다. 초등학생 아이들은 광고에 나온 물건을 사지 못하면 TV 속에 나오는 아이를 보며 상대적 빈곤감을 느끼고, 청소년은 경제적 불만이 쌓여 자제력 결핍의 원인이 된다고 한다.

텔레비전 광고에 대한 어린이의 반응을 연구한 결과를 보면, '3세 이전에는 광고와 현실을 구별할 수 없고, 3세가 지나면서 광고에서 본 것을 위주로 구매하는 행위가 나타난다. 유치원에 입학할 때쯤이면 현실과 광고를 구분할 수 있다. 초등학교 저학년이 되면 광고 속의 상품과 실제의 상품이 다를 수 있다는 것을 알게 된다. 고학년이 되면 물건을 많이 팔기 위하여 광고를 실제보다 과장되게 한다는 것을 인지하게 된다'고 한다.

한 시간짜리 프로그램에 15초 광고가 평균 열다섯 개 이상 나간다. 어린이의 경우 하루 최소 시청 시간을 두 시간으로 치면 서른 번의 광고를 보고 한 달이면 900회의 광고를 시청한다. 이렇게 아이들의 혼을 쏙 빼놓는 광고의 허리케인 속에서 아이를 지키려면 광고 보는 법을 단단히 교육해야 한다. 광고에 당하지 않고 광고를 이용하는 아이로 기르기 위해서. 이런 광고도 글쓰기 학습의 좋은 자료가 될 수 있다.

첫째, 광고는 어휘 공부의 보고다. 광고에 나오는 음료수를 한 병

사서 마셔 보게 한 다음 그 맛을 글로 표현해 보라고 한다. 아이들이 글로 표현한 맛이 광고에서 말하는 그 맛과 같을까, 다를까? 이때 아이들마다 맛을 표현하는 말이 다를 수 있다. 예를 들어 콜라의 경우 '쌉싸름하고 달콤한 맛', '쌉싸래하고 들큼한 맛', '톡 쏘는 깔끔한 맛', '달콤 쌉싸름한 맛' 등등 여러 가지 독창적인 말로 맛을 표현한다. 이런 활동은 광고 속의 맛을 비판하기보다는 내가 느끼는 맛에 대한 어휘를 늘려 가는 학습이 된다. 음료수뿐 아니라 장난감 광고, 피자 광고, 냉장고 광고, 아파트 광고도 이런 식으로 지도하면 어휘 사용량을 늘려갈 수 있다.

둘째, 광고는 이미지를 문장으로 만들 기회를 제공한다. 광고에는 상품에 대한 설명 없이 이미지만 등장하는 광고들이 많다. 예를 들어 농구화의 경우, 제품에 대한 설명은 없이 미국 프로 농구 선수들의 경기 장면이 숨 가쁘게 지나간다. 이런 광고를 보고 무엇을 이야기하는 광고인지 해석하고, 그것을 글로 써 보게 하면 문장 만들기를 연습할 수 있다. 이미지를 문장으로 만드는 활동은 아이들이 두려워하지도 지겨워하지도 않는다. 이미지 세대인 어린이 청소년들에게는 매우 쉽고도 즐거운 활동이 된다.

셋째, 공익 광고와 상업 광고의 내용과 호소하는 방법의 차이를 발견해 보는 방법도 재미있다. 여기서 분석력과 비판력이 길러진다. 하루에도 수십 개씩 집 안으로 쳐들어오는 광고. 이런 광고가 유혹하는 대로 끌려가면 바보가 되고, 활용하면 비판력과 판단력이 탄탄한 사람이 된다. 예를 들어 2000년 이후, 우리나라 아파트 이름이 급격하게 외국어로 변해 가고 있다. 새로 지어지는 아파트는 물론, 리모델링 하는 아파트의 90% 이상이 외국어로 된 이름이라는 통계도 나왔다. 그 이유는 소비자들이 외국어로 된 아파트를 선호하기 때문이란다.

'소비자들은 왜 외국어로 된 아파트를 선호하는 것일까?'

아이들에게 생각해 보게 하고 글로 써 보게 하면, TV에서 아파트 광고를 할 때 멍하니 수동적으로 보는 습관쯤은 거뜬히 사라진다.

여행 가서 편지 쓰기

여행 인구가 점점 늘고 있다. 주말 여행, 방학 여행, 명절 여행, 기념 여행… 여행의 종류도 많다. 경제학자들은 '한국의 국민 소득은 그리 늘지 않았는데 여행비는 아끼지 않는다'는 통계를 내놓는다. 사회심리학자들은 사람들이 자신에게 투자하는 것, 그때그때 행복한 것이 최고라는 생각을 하게 되었기에 앞으로 여행 인구는 점점 더 늘어날 것이라고 말한다.

여행은 자신에게 투자하는 방식이다. 또한 내일보다는 오늘과 현재에 투자하는 방식이다. '소확행'이라는 말이 유행인데, 여행은 작지만 확실한 행복을 가져다주는 소확행이 분명하다. 그래서 우리는 여행을 떠나지만 멋진 곳에 가서 경치를 감상하고 사진만 찍고 오는 데에만 급급한 듯하다.

이에 대해 소설가 김영하는 그의 에세이《여행의 이유》에서 '숙제하러 간 사람처럼 사진만 찍고 오더라'고 표현했다. 주말 여행을 즐기는 어떤 이는 '경치를 쓰윽 둘러보고 맛집에 들렀다 집에 돌아와 픽 쓰러져 자기 바쁘다'고 한다. 이러한 여행은 들인 시간과 돈에 비해 얻는 것이 너무 적다. 특히 어린이를 동반한 여행에서 사진 찍고 맛있는 음식 먹는 것에 그친다면 아이는 자라서 또 그런 여행만 다니게 될 것이다. 이 얼마나 허망한 일인가?

여행 글쓰기는 여행의 가성비를 높이는 확실한 방법이다. 여행지에서 친구나 가족에게 편지를 써 보면 어떨까? 아름다운 경치 앞에서는 서정시를 한 편 쓸 수도 있다. 집에 돌아와 여행지의 풍경이나 유적, 만난 사람들에 대한 이야기를 써 볼 수도 있다.

다음은 헬렌 그리프스가 지은《할아버지의 하모니카》에 나오는 한 장면이다. 도시에 사는 손녀가 고향에서 홀로 살고 있는 할아버지를 찾아가 여름 방학을 지내는 이야기가 담겼다.

> 저녁이 되면 할아버지는 평상에 앉아 하모니카를 부신다. 구슬픈 곡에서 신나는 노래까지.
>
> 할아버지가 손녀에게 말한다.
>
> "내가 왜 밤이 되면 하모니카를 부는지 너 아니? 귀뚜라미를 위로하기 위해서란다. 낮에 우리에게 좋은 음악을 들려주니까 그 보답을 하고 있는

거지. 저 곤충들도 음악을 아주 좋아한단다."

시골에는 이런 아름다움이 있다. 시골 할머니 집에 가서 옥수수나 실컷 먹고 온다면 의미가 없다. 끝없는 자연 풍경이 펼쳐져 있고, 자연이 내는 소리가 들리고, 밤에 굵은 별이 보이고, 귀뚜라미 소리가 들리고, 반딧불이 사는 자연을 볼 수 있는 곳이 시골이다.

할아버지 할머니의 어린 시절 이야기도 들어 보고, 우리 엄마 아빠의 어린시절 이야기도 듣는다면 할아버지가 얼마나 좋아하실까? 나의 어머니는 여든이 넘으시더니 본인의 어린 시절 이야기를 재미있게 들어 주는 사람을 제일 좋아했다. 덕분에 효도에는 맛있는 음식이나 용돈을 드리는 것만 아니라 노인의 이야기를 잘 들어 주는 것도 있다는 걸 알게 되었다.

손주가 할아버지 앞에 앉아서 할아버지 어린 시절 이야기를 듣는다면 할아버지는 황홀할 것이다. 손자가 쓴 할머니 이야기를 읽는 할머니는 매우 행복할 것이다. 부모가 좋은 글쓰기 선생님이라면 이런 기회를 놓치지 않는다. 자연의 소리와 모양을 가지고 글을 쓰게 할 것이다. 동시도 좋고 수필도 좋다. 그리고 부모도 한 편씩 쓴다. 얼마나 멋진 시골 여행인가? 부모가 어렸을 때 썼던 글짓기 공책이 여전히 보관되어 있다면 더 멋진 동기 부여가 일어난다. 아이들은 먼 훗날 자신의 아이에게 제가 지은 글을 보이기 위해 더욱 열심히 쓸 것이다.

“귀뚜라미가 어떻게 노래하는지 들어 보렴.”

“저 반딧불이 내는 빛은 어떤 색이라고 표현하면 좋을까?”

“옥수수 밭에 바람이 지날 때는 어떤 소리가 나니?”

“아침에 닭들이 우는 소리를 그대로 적어 볼까?”

“어떤 새가 가장 먼저 울까?”

여행은 세상을 다른 눈으로 볼 수 있는 기회를 제공한다. 어느 여행 전문가는 여행을 가리켜 ‘미래를 엿보는 방법’이라고 말했다. 다른 세상, 다른 사람의 삶이란 언젠가 우리에게 올 미래일 수도 있기 때문이다.

익숙한 공간은 편안하지만 감동은 없다. 공간을 바꾸면 우리 마음이 들뜨고 두뇌 역시 활발하게 작동한다. 여행은 공간을 바꾸는 것, 두뇌를 춤추게 하는 것이다. 여행지에서 글을 써야 하는 이유다.

동식물 키우며 관찰하는 글 쓰기

"엄마 쫑쫑이가 희준이를 따라갔어요."

"희준이는 며칠 전에 너에게 쫑쫑이를 준 그 아이 아니니?"

"응, 엄마. 그런데요, 오늘 희준이가 쫑쫑이를 다시 달라고 왔어요. 자기 엄마가 공부 열심히 하면 키워도 좋다고 했대요. 그래서 내가 그런 법이 어디 있느냐고 막 따지니까 희준이가 아무 말도 못하고 집으로 가는데… 그런데 쫑쫑이가 희준이를 막 따라갔어요. 희준이 자식, 나쁜 자식."

아이는 분해서 눈물이 그렁그렁하다. 불러도 불러도 옛 주인을 따라가는 쫑쫑이의 뒷모습을 보면서 아이는 얼마나 가슴이 아팠을까. 아이에게 말했다.

"석아, 너는 쫑쫑이를 일주일 키웠지만 희준이는 3개월 키웠잖니? 그러니까 쫑쫑이는 법으로 치면 네 것이지만, 사랑의 무게로 치면 희준이 것이 아닐까?"

아이는 무언가 한참 생각하더니 내 목을 그러안으며 말한다.

"엄마, 알았어요."

오래전에 있었던 막내아들과 나의 대화다. 예전 아이들이나 요즘 아이들이나 동물 사랑하기는 마찬가지다. 특히 동생이 없는 아이들에게는 동물 키우기가 더욱 의미 있다. 사랑을 쏟아부어 줄 대상이 없는 아이가 동물을 기르며 사랑하고 이별하는 법을 배울 수 있기 때문이다.

이 사건을 통하여 두 아이는 모두 좋은 경험을 했을 것이다. 옛 주인인 희준이는 강아지와 이별하고 재회하면서 사랑이 더욱 견고해졌을 것이다. 두 번째 주인이었던 우리 아이는 사랑과 소유, 만남과 이별에 대한 특별한 배움을 얻었을 것이다.

일주일 동안이지만 우리 아이는 쫑쫑이와의 만남과 헤어짐을 글로 써서 큰 대회에서 상까지 받게 되었다. 만약에 쫑쫑이를 만났다가 헤어진 경험이 없었다면 우리 아이는 그런 좋은 글을 쓰지는 못했을 것이다. 글쓰기란 기술만으로 되는 것이 아니다. 자기 속에 들어 있는 경험에서 우러나온 이야기가 있어야 한다.

아이들이라면 누구나 동물을 좋아한다. 길을 가다가 강아지가 따라오면 한참 구경하고, 학교 앞에 병아리 파는 할머니가 오면 병아리 구경에 여념이 없다. 아이들이 직접 동물을 키워 본다는 것은 색

다른 경험을 한다는 면에서 매우 유익하다. 동물은 하루가 다르게 변하기 때문에 크는 모습을 보며 생명의 경이감을 느끼게 된다. 또 먹이를 주고 물을 주고 보살피는 동안 아이들의 이기적인 마음이 서서히 이타주의로 바뀐다. 그러면서 감성의 문이 열린다.

식물 키우기도 아이들 글쓰기에 도움이 된다. 꽃과 나무를 보면서 글을 쓰면 구체적인 표현력을 기를 수 있다. 꽃의 색깔, 꽃의 향기, 꽃의 모양을 표현할 수 있고, 잎의 생김새를 묘사할 수 있게 된다. 이런 글쓰기는 글에 추상적으로 접근하지 않고 구체적으로 접근하는 좋은 습관을 길러 준다. 또 내가 물을 주지 않고 정성을 쏟지 않으면 당장 시들어 버리는 것을 보며 사랑과 책임감을 배울 수 있다. '내가 그 장미를 사랑하는 것은 내가 벌레를 잡아 주고 고깔을 씌워 준 장미이기 때문'이라고 말한 어린왕자의 마음이 되는 것이다. 꽃을 길러 보지 않은 아이들은 어린왕자의 그 말을 이해할 수 없을 것이다.

글쓰기를 한다는 것은 이렇게 세상을 이해하는 것으로부터 시작된다. 건조한 아파트에서만 자란 아이들은 이해심이 없고 자기중심적이 되기 쉽다. 누구에겐가 사랑을 쏟아 본 경험이 없기 때문에 감지력에 이상이 생길 수 있다. 베란다에 꽃 화분을 놓고 아침저녁 지켜본다. 그리고 그것을 소재로 글을 쓴다면 일거양득이 된다.

시장 구경하고 분석하는 글 쓰기

"엄마 어디 가세요?"

"시장 가. 맛있는 거 많이 사 올 테니 집에서 공부하고 있어."

"나도 따라갈래요."

"집에 있으라니까."

그러나 이이는 냉큼 신발을 신고 따라 나온다.

엄마는 할 수 없이 아이의 손을 잡고 시장에 간다. 아이는 앞서거니 뒤서거니 조잘대며 걸어간다.

이런 경험은 누구에게나 있다. 엄마들도 클 때는 이런 아이였고, 지금은 이런 엄마일 것이다. 왜 엄마들은 한사코 아이를 시장에 데

려가지 않으려 하고, 아이들은 한사코 따라가려고 하는 것일까?

아이들은 선천적으로 3~4세가 지나면 바깥세상 구경을 좋아하는데 이런 심리를 충족시켜 주는 것이 시장 구경이다. 재래시장, 백화점, 대형 마트, 편의점 모두 아이들의 호기심을 유발하는 곳이다. 아이들은 시장에 가서 가정이나 학교와는 다른 세상을 배운다.

부모가 이런 시장을 데리고 다니다 보면 아이들의 어휘력이 향상되는 것을 직감하게 된다. 특히 교과서에는 나오지 않는 생생한 경제 용어들을 아이들이 사용하는 것을 보게 된다. 또 비교와 대조 능력도 눈에 뜨게 향상되고 판단력도 탄탄해진다. 그래서 시장 구경은 글쓰기 능력을 길러 주기에 딱 맞는 교실이다.

재래시장은 경제 용어를 알려 주고 비교 능력을 길러 준다. 재래시장에 가면 '외상', '마수걸이', '본전', '현찰 거래', '밑지다', '바가지 쓰다' 등등 다양한 경제 용어를 듣게 된다. 고등어 한 손, 북어 한 쾌, 김 한 톳, 배 한 접 등등 수효를 나타내는 용어도 들을 수 있다. 이런 단어들은 특히 글쓰기에 생생한 현장감을 줄 수 있다. 또, 손님이 많은 가게와 손님이 없는 가게를 보게 된 아이들은 주인의 표정, 물건의 진열 방식, 가게의 위치 등을 통하여 그 원인을 분석하기도 한다. 이런 것은 재래시장이 아니면 배울 수 없는 생생한 지식이다.

백화점은 아이들에게 비교 능력과 비판 능력을 길러 준다. 백화점에는 왜 창문이 없을까? 시계는 왜 걸어 놓지 않는 것일까? 할인

행사는 왜 열두 달 내내 하는 것일까? 왜 잔잔하고 느린 음악만 흘러나오는 것일까? 또 백화점의 물건 값과 재래시장의 물건 값을 비교해 보기도 할 것이다. 그러면서 백화점의 물건 값이 비싼 이유를 스스로 알아내게 될 것이다.

대형 마트에 가면 아이들은 또 다른 물건 진열 방식을 보며 생각하게 된다. 왜 물건을 낱개로 팔지 않고 묶어서 팔까? 그렇게 사는 것은 고객에게 어떤 이익과 손해를 줄까? 대형 마트의 물건 값이 싼 이유는 무엇일까?

편의점에 가면 진열 상품의 위치를 관찰할 수 있다. 입구 오른쪽에는 새로 나온 상품을, 신선 식품은 그늘진 곳에, 주류는 깊숙한 곳에, 고가 제품은 눈높이와 같은 곳에 두는 것은 무슨 이유일까? 편의점 직원은 왜 재래시장이나 백화점 직원처럼 미소를 짓지 않는 것일까?

이렇게 재래시장, 백화점, 대형 마트, 편의점 등 생필품을 사는 장소는 각각 아이들에게 생생한 삶의 현장을 경험시켜 글쓰기의 동인을 높여 준다. 이런 경험들이 일기나 글 속으로 들어간다면 아이들의 글은 한결 깊고 신선하고 재미있어질 것이다.

학교 가기 싫은 날
논리적인 글 쓰기

선생님들은 언제나 자기들에게만 편리한 규칙을 만들어 학생들을 골탕 먹인다.

지각하면 안 된다, 똑바로 앉아라, 떠들지 마라, 장난치지 마라, 하루 종일 안 된다! 안 된다! 말아라! 그리고 마지막에는 한 뭉치의 숙제를 덜컥 내 준다. 교실은 감옥 같고, 선생님은 마귀 같다. 세상에 놀기만 하는 학교는 없을까?

_앤터니 버커리지의 《제닝스는 꼴찌가 아니야》에서

모든 어른은 아이였다. 그래서 누구나 위와 같은 경험을 가지고 있다. 규칙을 만드는 교장 선생님조차도 마찬가지일 것이다. 그러나 이상한 것은 아무도 도망가지 않고 그런 학교를 졸업했다는 사실이다.

왜 그랬을까? 이유는 학교란 지겨운 공부만 하는 곳은 아니기 때문이다. 학교가 그저 공부만 하는 곳이라면 얼마든지 도망갈 수 있을 테지만 학교에 가지 않으면 장난꾸러기 친구들은 어디 가서 만나며, 그 신나는 장난은 어디서 해야 할까?

선생님들도 나름대로 괴로움이 있다. 왜냐하면 교실에는 장난칠 만반의 준비를 갖춘 개구쟁이들이 서른다섯 명이나 있기 때문이다. 하루 종일 개구쟁이들을 가르치려니, 선생님도 고민이 이만저만이 아닐 것이다. 그러니 선생님들에게만 유리한 규칙을 만들 수밖에.

한 교사가 몇 명의 학생을 가르치는 것이 가장 적당할까? 교육공학 분야에서 말하는 적정 인원은 스무 명 미만이다. 한 교실에 학생이 스무 명이 넘으면 선생님의 시야에 다 들어오지 않는다. 인구 감소로 인해 요즘 초등학교 학급 인원은 많이 줄어들었다고는 하지만, 여전히 스무 명이 넘는 일 대 다수의 교육 환경인 것은 여전하다. 학교란 재미없는 곳, 공부 시간이란 지루하기만 한 시간이 될 수밖에 없는 상황이다. 선생님이 나를 한 번도 쳐다보지 않아 서운했는가? 선생님 탓이 아니다. 사각지대가 있기 때문이다.

"엄마, 나 내일부터 학교 안 가면 안 될까요?"

어느 날 갑자기 아이가 이런 말을 해 온다면 부모의 머릿속에는 여러 가지 생각들이 소용돌이칠 것이다. '선생님한테 혼났나? 시험을 망쳤나? 말썽을 피웠나? 왕따를 당하고 있는 건 아닐까?' 이런 생각에 갑자기 머리가 띵 아파 온다. 그러나 걱정할 필요는 없다. 담담한 목소리로 아이에게 말해 본다.

"그래? 왜 가기 싫은지 이유를 세 가지만 써 오렴. 엄마가 보고 정당하면 안 가도 된단다."

그러면 아이는 아주 열심히 쓴다. 하루 종일 학교에 가지 않을 수만 있다면 글쓰기쯤이야 얼마든지 참을 수 있다고 생각하면서. 하지만 아이들 대다수는 자기가 생각해도 정당해 보이는 논리적인 이유 세 가지를 제대로 쓰지 못한다. 썼다 지웠다, 썼다 지웠다 하다가 그만 포기하고 만다. 엄마가 노리는 것은 아이가 머리를 짜내 이유를 세 가지 생각해 보는 그 시간이다.

'이유를 글로 쓰기'는 다른 방법에 사용해도 분석적 사고력과 논리적 사고력을 높일 수 있다. 핸드폰 사 달라고 할 때, 비싼 장난감을 사 달라고 할 때, 가족 여행에 불참하겠다고 할 때 등에 적용하면 효과가 있다. 그러면 아이들은 신나게 이유를 찾지만 정당한 이유를 찾지 못해서 제풀에 물러나고 만다. 이렇게 뭉뚱그려진 것 같은 하나의 현상을 분석하다 보면 저절로 사고력이 생기고 논리적으로 표현할 수 있게 된다.

학교에서 배운 내용

설명하는 글 쓰기

우리 부부는 세 아이들이 유치원이나 초등학교에 다닐 때부터 아이들이 배운 것을 엄마 아빠에게 가르쳐 달라고 자주 요청했다. 그러면 아이들은 신이 나서 수업을 진행하곤 했다. 우리 또한 아이의 수업을 열심히 듣고 적극적으로 반응했다. 아이가 수업을 마치면 우리는 꼭 '잘 가르쳐 주어서 고맙다'는 인사와 칭찬을 빼놓지 않았다. 가끔 고마움의 표시로 용돈을 주기도 했다.

아이들이 가르치는 재미에 푹 빠져들었을 때부터 나는 수업 중간에 도전적인 질문을 한두 차례 던지기 시작했다. 아이의 강의 수준을 높여 주기 위해서였다. 아이 입장에서는 대부분 설명하기 어렵거나 미처 생각지 못했던 질문들이었다.

"성조기의 별이 얼마 전까지는 50개였는데, 어째서 갑자기 51개로 바뀌었지?"

그러면 갑자기 말문이 막힌 아이는 내일 가르쳐 주겠다면서 수업을 끝마쳤다. 아이는 다음 날 학교에 가서 선생님에게 질문하고 완벽하게 안 다음 집으로 돌아와 우리에게 답해 주곤 했다.

_김경섭, 2005. 12. 9. 한국경제신문

이 부모는 아이에게 늘 무언가를 가르쳐야 한다는 강박관념에서 벗어나 거꾸로 자녀에게 가르침을 받는 부모가 되어 보는 것을 이야기하고 있다. 학교에서 배운 것을 부모에게 가르쳐 달라고 하면 아이들에게는 자연스럽게 논리력과 발표력, 표현력이 길러지고 스스로에 대한 자부심이 생기며 복습하는 습관이 생긴다. '남을 가르쳐 보지 않은 사람은 그 지식을 완전히 안다고 할 수 없다'고 말한 교육심리학자 피아제의 말은 이 상황을 두고 하는 말이다.

이런 '가르치기의 역할 바꿔 보기'는 글쓰기에도 매우 좋은 기회를 제공한다. 아이가 가르치는 역할을 수행하려면 교안이 있어야 한다. 완벽한 교안은 아니더라도 수업 인사는 어떻게 하고, 도입은 어떻게 하고, 강의 핵심은 무엇이고, 끝마무리는 어떻게 할 것인지 계획을 세워야 한다. 그것을 공책에 적는다면 개요 짜기가 된다. 그리고 수업 후에 자신의 생각을 적는다면 일기가 된다.

열한 살, 열두 살 나이의 뇌는 새로운 것을 빨아들일 수 있는 성능 좋은 기계다. 이때 어린이의 뇌 속에 있는 신경 세포들은 각각 5만 개의 다른 신경 세포와 연결되어 있다. 이렇게 연결되어 있어도 세월이 흘러 쓰지 않으면 어느덧 줄어들게 된다. 그리하여 어른이 되면 각각의 세포는 겨우 1만 개의 다른 신경 세포와 연결될 뿐이어서 새로운 지식을 받아들이기 어렵다.

어른들은 아이들이 할 수 있을까 걱정하지만 놀랍게도 아이들이 훌륭하게 문제를 해결하는 것을 보곤 한다. 그것은 아이들의 세포가 어른의 세포보다 5배나 더 많은 연결 고리를 가지고 있어서 적응 능력 또한 5배쯤 강력하기 때문이다. 아이들은 믿는 만큼 성장한다. 때때로 아이들에게 어른의 역할을 시켜 보면 놀랄 만큼 빠르게 문제 해결력이 향상된다.

어른들은 우리만 보면 '숙제 다했어? 이제 그만 먹어라. 방 좀 치워라. 조용히 해'라고 말한다. 재미있는 프로그램을 보려면 '아이는 보면 안 돼'라며 자라고 말한다. 어른들은 자기들이 하는 말은 다 맞고 자기들 생각은 늘 옳다고 우긴다. 하루라도 어른하고 바꾸어 살아 보았으면 좋겠다. 어른들이 하루라도 아이로 살아 본다면 아이로 사는 것이 얼마나 힘든지 알 것이다. 그러면 세상에는 착한 어른이 더 늘어날 것이다.

_대전시 M초등학교 6학년 정지혜

예전의 아이나 지금의 아이나 불평의 내용은 비슷하다. 자기 역할보다 어른의 역할을 유리한 것으로 인식한다는 점이다. 이런 일기를 보고 픽 웃어 넘긴다면 매우 평범한 부모다. 역할을 바꾸어 보자고 의견을 제시하는 것은 매우 의미 있는 일이다. 자녀에게 무언가를 가르쳐야 한다는 강박관념에서 벗어나 거꾸로 자녀에게 가르침을 받는 부모가 되어 보는 것도 좋다.

속상하고 슬픈 날 위로하는 글 쓰기

선생님. 우리 아이는 화를 너무 잘 내요. 화가 나면 소리를 지르고 물건을 집어 던지기도 해요. 어려서는 아주 고분고분한 아이였는데 초등학교 3학년 때부터 폭발적으로 화를 내요. 공부 스트레스 때문에 그럴까요? 외동아들이기 때문에 무척 귀하게 키웠답니다. 그런데 아이가 이렇게 화를 내니 갈피를 잡지 못하겠어요. 화를 치료하는 독서요법을 가르쳐 주세요.

_서울 서초구 대치동 속상한 엄마

초등학교 5학년인 이 아이는 과잉보호로 자란 대표적인 케이스다. 이 어머니는 '다른 것은 다 내가 해 줄 테니 너는 공부만 해라'라는 식으로 아이를 키웠다. 어머니는 아이가 유아 시절부터 지금까지 유명 학원을 손수 데리고 다닌다. 아이가 공부하는 동안에는 학원 밖에서 기다렸다가 학원이 끝나면 아이를 싣고 다른 학원으로 이동한다. 집에서는 연필도 깎아 주고 아이가 피곤하면 교과서와 참고서도 대신 읽어 주었다고 한다.

며칠 전 서울대학 학생 생활 상담 교수의 글을 보았다. 입학 성적은 고득점이었는데 점점 성적이 떨어지는 학생, 전공 학과를 바꾸려는 학생, 소위 대학 부적응 학생 대다수가 과잉보호를 받고 자란 학생들이라고 했다. 그들은 화를 잘 내고 의존적이며 친구와 원만하게 지내지 못하는 외톨이라고 한다.

심리학자들은 건강하게, 그리고 독립적으로 자란 아이들은 심신이 병약하게 자란 아이들보다 분노감이 적고 온화하다고 한다. 내면에 자신감이 가득해서 상대방에 대한 피해 의식이 없기 때문이다. 반면에 병약하거나 과잉보호로 의존적인 인격을 가지게 된 아이들은 화를 잘 낸다. 화를 잘 낸다는 것은 자신의 마음을 자신이 통제할 수 없는 현상이며 자기 조절 능력의 상실을 의미한다.

슬프거나 화가 났을 때 상처 난 마음에 약을 발라 치료해 주는 글쓰기가 있다. 일명 도피 글쓰기(escape writing)다. 도피 독서가 기분 전환을 위한 심심풀이 독서라면, 도피 글쓰기는 마음을 치료해 주는 약이 되는 글쓰기다. 도피 독서가 시시껄렁한 이야기로 잠시 동안 내 마음을 위로해 주는 소극적인 역할을 한다면, 도피 글쓰기는 위로의 역할을 넘어 마음을 치료해 주는 적극적인 역할을 한다.

자기 조절 방법 중에 강박증을 다른 것으로 환치하는 방법이 있다. 노래 부르기, 운동하기, 글쓰기가 대표적인 방법이다. 화가 날 때 글을 쓰는 일은 쉬운 일이 아니다. 왜냐하면 글을 쓰려면 조용히 앉아서 펜을 들거나 컴퓨터 앞에 앉아야 하는데, 이런 행동들이 화난 상태에서는 실천하기가 쉽지 않기 때문이다.

그러나 화난 상태에서 글을 쓰면 놀랍게도 생생한 표현이 드러난다는 실험 결과들이 있다. 이런 상태를 두고 심리학자들은 '강박증은 자신의 내부 감정을 생생하게 표현할 수 있는 에너지를 제공한다'고 말한다. 특히 작가의 경우, 자신의 강박증을 써서 크게 성공한 경우가 많다. 어니스트 헤밍웨이는 '분노하고 있을 때야말로 글쓰기에 가장 좋은 때다. 가장 진정한 자아가 글 속으로 들어간다'고 말했다.

화났을 때 글쓰기의 또 하나의 장점은 강박관념을 털어 낼 수 있다는 점이다. 많은 사람들이 사랑이 시작될 때와 끝날 때 일기를 쓰기 시작한다. 많은 시인들도 연애하고 이별하며 시를 쓰고 명시를 남겼다. 또한 외롭거나 괴로울 때, 그리고 뜻밖의 절박한 상황에서 우리는 일기를 쓴다. 그런데 절박한 상황이 지나가면 일기 쓰는 것이 흐지부지되는 경우가 많다. 회상해 보면 그 당시의 글쓰기가 순간적으로 절박한 상황을 벗어나게 해 주는 기능을 가지고 있었음을 알게 된다. 어린 시절에 이런 경험을 하면 글쓰기의 기쁨을 한 가지 더 소유하게 된다.

형제자매와 싸운 날

주장하는 글 쓰기

"엄마, 나는 형이 못 되어서 억울해요."

막내 아이의 하소연이다.

"엄마는 왜 형과 동생 편만 들어요? 왜 나만 참으라고 해요?"

둘째의 불평이다.

"엄마가 동생들 편만 드니까 내 말을 안 들어요."

큰애의 말이다.

아이가 셋인 집이라면 흔히 들을 수 있는 대화다. 정신분석학자들은 형제자매끼리 싸우는 것은 자신이 독차지해야 할 사랑을 나누어 갖는 것에 대한 불만의 표출이라고 한다. 형제자매간의 갈등이나 라이벌 의식을 나쁘다고만 말할 수는 없다. 적당한 갈등은 발전과 성취를 위한 의욕으로 승화될 수 있기 때문이다. 형제 없이 자란 아이가 의욕이 덜 강하다는 연구들이 나오는 걸 보면 형제자매란 싸우면서 크는 것인가 보다. 이 갈등을 어떻게 글쓰기 교육에 이용하면 좋을까? 어느 날 친구로부터 그 해답을 얻었다.

친구네 옆집에 사는 부부는 사이좋게 지내기로 유명했단다. 어느 날 내 친구가 옆집 부부에게 싸우지 않는 비결을 물어보았다. 그들이 답했다.

"아닙니다. 우리도 격렬하게 싸운답니다."

"옆집에 살면서 싸우는 소리를 들은 적이 없는데요?"

그러자 부부는 웃으면서 말했다.

"우리는 말로 싸우지 않고 글로 싸웁니다."

"네? 글로요? 어떻게 글로 싸우죠?"

부부는 상대방에게 불만이 생기면 글을 쓴다고 했다. 부인이 이 방법을 제안했는데, 처음에는 남편이 협조를 하지 않았다. 그래서 그들의 싸움은 이상한 양상을 띠었다. 남편은 소리 지르고 아내는 글을 써서 주고. 손바닥도 마주쳐야 소리가 나는 법인데, 부인이 안 받아 주니까 싸움은 속도가 나지 않았다. 그래서 결국은 남편이 손을 들고 서로 글로 써서 싸우게 되었단다.

아들만 셋을 키우던 나는 형제들끼리 싸우는 것을 보면 속이 끓어오르곤 했다. 혹시 이 아이들이 앞으로 우애 없는 어른이 되진 않을까? 이런 생각이 들어 덜컥 겁이 났다. 그래서 형제끼리 티격태격 싸울 때 평화롭게 해결할 수 있는 방법을 찾기 위해 책도 보고 묘안을 짜기에 바빴다. 그 즈음에 친구로부터 옆집 부부의 이야기를 들었다. 그리고 나는 아이들 싸움에 들은 것을 적용해 보기로 했다.

아이들이 싸우면 일단 한 아이가 엄마에게 와서 억울함을 호소한다. 곧이어 다른 아이도 호소한다. 그러면 엄마는 두 아이에게 네가 억울한 것이 무엇이고, 상대방에게 요구할 것이 무엇인지 조목조목 써 오라고 한다. 그러면 아이들은 엄마의 판단에 유리한 입지를 점거하기 위하여 머리를 짜내 자기주장을 쓴다. 좀 더 나은 단어를 배열하여 좀 더 호소력 있는 문장으로 엄마의 마음을 사로잡기 위하여 고치고 또 고친다. 백일장에 나가서 쓸 때보다 더 집중하는 것 같았다. 만약 이때 쓰지 않는 아이가 있다면 그 아이가 자연스레 지는 것이다.

아이들은 이기려고 열심히 쓴다. 어떤 날은 각자 자기 방에서 두 시간 이상을 몰입하여 쓰기도 했다. 특히 둘째 아이의 경우는 집중력이 없어서 늘 걱정했는데, 이 주장하는 글쓰기를 시작하고부터 집중력이 생겼다. 그 모습을 보면서 나는 회심의 미소를 지었다. 아이들은 일단 두 시간 이상 글쓰기 공부를 하고 있는 중이니까. 그리고 글을 쓰는 중에 분이 풀렸는지 더 이상 싸우지 않게 되었다.

부엌에서 요리하며
묘사하는 글 쓰기

퇴근 후 집에 갔더니 유치원 다니는 큰아들이 공책과 볼펜을 들고 근심스런 얼굴로 대문 앞에 서 있다. 골목으로 들어서는 나를 발견한 아이가 뛰어오며 말한다.

"엄마 왜 이제 와? 할머니 아픈데."

"많이 아프시니?"

아이를 앞세우고 대문으로 들어서며 나는 할머니를 생각하는 아이의 마음에 가슴이 뭉클하다. 그런데 아이는 현관으로 들어선 내게 들고 있던 공책과 볼펜을 내밀며 은밀히 속삭인다.

"엄마, 할머니한테 된장, 고추장 담그는 법 빨리 가르쳐 달라고 해서 적어 놔요."

아주 오래전에 우리 집에서 일어났던 웃지 못할 사건이다. 할머니 아픈 것보다 고추장, 된장 만들 일이 걱정되었다니! '손주 귀여워해 봐야 소용없다'던 옛말 그대로였다. 어쨌거나 나는 이 사건 이후로 요리를 하고 나면 조리법을 적어 두는 버릇이 생겼다.

글로 기록하는 것의 위력은 대단했다. 조리법을 적고 나서부터는 한 번 했던 요리 방법은 절대 잊지 않았다. 게다가 다음번에는 색다른 방법을 가미하여 보다 창의적인 요리도 가능하게 되었다. 아들 덕분에 시작된 일이 요리 솜씨뿐 아니라 글쓰기 연구에도 큰 도움이 되었다.

그 후 나는 부엌에서 요리를 할 때면 아이들을 참가시켰다. 엄마가 재료에 무엇을 넣는지 공책에 적게 한 것이다. 그 사건이 있기 전까지는 아이들이 부엌에 들어오는 것이 번거로워서 그냥 공부나 하라며 쫓아내곤 했다. 그런데 아이를 부엌으로 끌어들이고부터 아이들이 글쓰기를 즐거워할 뿐 아니라 어휘력이 늘고 표현력도 향상되었다는 것을 깨달았다.

글쓰기 체질을 만들려면 과외나 족집게 학원보다 엄마의 역할이 더 중요하다. 이렇게 엄마와 아이가 부엌에서 만날 때 자연스럽게 글쓰기 체질이 형성된다.

재료 준비 단계가 끝나면 아이와 함께 느낌 이야기를 시작한다. 재료를 만져 보고 그 감촉을 말하게 한다. 오이를 만질 때 '따끔따끔하다'는 어휘를 배울 수 있다. 이런 어휘는 사전을 찾아 가르쳐 주면 머리에 들어가지 않는다. 직접 손으로 만져 볼 때 따끔따끔의 의미가 확실해진다. 이렇게 익힌 어휘는 나중에 글 맛을 내는 역할을 톡톡히 한다.

그다음은 여러 표현법을 익히는 단계다. 당근, 피망, 가지, 오렌지 등 여러 음식 재료의 색깔을 표현할 수도 있다. 맛, 모양, 촉감을 표현할 수도 있다. 재료의 특성을 말로 표현하다 보면 평소엔 잘 몰랐던 새로운 사실도 알게 된다. 음식 만드는 과정에서, 재료를 만지면서 느끼는 감각이나 음식 끓는 냄새, 끓는 소리는 훌륭한 표현력 공부가 된다.

예를 들어 팥죽을 끓이고 나면 새알심 모양이나 죽이 끓는 모양을 글로 쓸 수 있다. '보글보글', '부글부글', '뽀글뽀글', '부그르르', '뽀그르르' 등 재미있는 표현이 나온다. 이때 글쓰기의 재미가 덤으로 따라온다. 형제자매가 함께 참여하면 더 재미있다. 같은 소리를 듣고도 각자 다르게 표현하고, 같은 요리의 맛도 다르게 표현하는 것에서 서로 배우게 된다.

요리하며 글쓰기에서 얻을 수 있는 최대 보물은 창의력이다. 요리는 여러 가지 재료를 가지고 맛을 창조하는 예술이다. 같은 된장찌개를 끓여도 맛은 항상 다르다. 재료의 종류와 양, 조리 시간에 따라 매번 다른 맛을 내게 된다. 그래서 나는 '요리 만들기는 글쓰기와 같다'며 경탄하곤 한다.

아이들은 어른보다 더 창의적으로 요리한다. 직접 해 보라고 하면 자기 멋대로 하기 마련이다. 이렇게 제멋대로인 아이를 칭찬하면 창의력이 자극을 받아 더욱 활발해진다. 프랑스 속담에 '요리 잘하는 사람은 창의적이다'라는 말이 있다. 그렇다. 요리는 분명 창의적인 예술이다.

영화 감상하고 판단하는 글 쓰기

법정 드라마가 인기다. 가만히 보다 보면 드라마 내용보다는 저런 경우 누가 더 잘못했나를 생각하느라 머릿속이 분주하다. 그러는 동안 시청자는 판단력을 단련하게 된다. 법정 드라마 대부분은 도덕성을 주제로 하고 있기에 시청자의 도덕성 훈련에도 한몫한다. 요즘은 건전한 법정 드라마가 많아서 아이들과 함께 감상해도 좋다.

(a) 톰의 엄마가 시장에서 유리컵 열 개를 사 온 후 톰에게 말했다. 새로 사 온 컵을 정리하는 동안 부엌에 들어오지 말라고. 그런 후에 엄마가 잠깐 자리를 비운 동안 톰이 부엌에 들어와 컵을 한 개 깼다.

(b) 헬렌의 엄마는 시장에서 유리컵 열 개를 사 가지고 와서 부엌문 뒤에 두었다. 그런데 헬렌이 모르고 문을 벌컥 열어서 컵 열 개가 모두 깨졌다.

이때 톰과 헬렌은 누가 더 야단맞게 될까?

하버드대학 교수 콜버그가 '어린이 도덕성 연구'를 위하여 한 실험이다. 미국의 어린이 중 나이가 어릴수록 헬렌이 컵 열 개를 깼으니까 야단을 많이 맞을 거라고 응답했고, 초등학교 3학년 이상 아이들은 톰이 엄마 말을 듣지 않았으니까 야단을 더 많이 맞을 거라고 응답했다. 한국 어린이들에게도 똑같은 실험을 해 보았다. 그 결과 한국의 어린이들은 모두가 컵을 열 개 깬 헬렌이 야단을 더 많이 맞을 것이라고 응답했다. 이 실험이 보여 주는 것은 한국의 어린이들이 미국의 어린이보다 더욱 물질 중심적으로 사고하고 있다는 사실이다.

도덕성은 글쓰기의 중요한 변인이다. 글 솜씨가 현란하고 삼단논법에 맞는 논리적 전개가 가능하다고 해도, 글의 내용이 도덕적 사고를 하지 못하고 있다면 과연 잘 쓴 글로 평가받을 수 있을까?

논술 고사는 글의 도덕성보다는 논리성을 중요하게 여기는 경향이 있지만 도덕적 잣대는 글쓴이의 인격의 잣대이므로 중요한 관건이 된다. 일반적으로 좋은 논술은 정당하고 아름다운 가치관을 가지고 있다. 그래서 논술 글쓰기를 지도할 때는 도덕적 딜레마를 주고 스스로 판단한 후 글을 쓰게 한다. 생활 속에서 어린이의 판단력을 길러 주는 방법에는 다음과 같은 것들이 있다.

첫째, 드라마나 영화를 함께 보고 판단하게 한다. 선과 악에 대한 딜레마가 들어 있다면 어떤 작품이라도 좋다. 영화는 그 딜레마를 해결해 나가는 과정을 다룬다. 〈모래시계〉, 〈쉰들러 리스트〉, 〈기생충〉 어느 것 하나 도덕적 딜레마가 없는 것이 없다.

둘째, 신문 뉴스에서 도덕적 딜레마를 보고 판단하게 한다. 예를 들면 홍콩 시위 관련 뉴스, 일본군 '위안부' 할머니들 뉴스, 아베 일본 수상의 야스쿠니 신사 참배 뉴스를 보면서 무엇이 옳고 무엇이 그른지를 판단하게 한다. 이때 왜 옳고 그른지 이유를 댈 수 있어야 한다.

셋째, 우리 주변에서 일어나는 일의 잘잘못을 가려 보게 한다. 예를 들면 부자로 사는 아들이 있는 독거노인이 자살해 죽은 사건, 재산 놓고 싸움을 벌이는 형제들, 사업에 실패했다고 자살하는 사업가들, 재산을 외국으로 빼돌리는 사람들, 병역 기피를 위해 외국 국적을 갖는 사람들, 외국 시민권을 얻으려고 원정 출산하는 산모들. 이런 일들을 놓고 판단해 보면 노닉석으로 성숙할 수 있다.

호라티우스가 그의 시론에서 '현명해지는 것이 좋은 글을 쓰는 유일한 방법이다. 그러나 좋은 글을 썼다고 현명해지는 것은 아니다'라고 말한 것처럼, 글에는 그것을 쓴 사람의 모든 인격이 나타난다.

4장

공부머리를 완성하는
글쓰기 전략 3단계:

글쓰기의 기초 공사,
문장과 문단 만들기

그 자리에 딱 맞는 단어는 세상에 하나밖에 없다

우리 집 흥부는 하얀 양말을 신었어요. 동네 개들 중에서 하얀 양말을 신은 개는 우리 흥부밖에 없지요.

초등학교 1학년 아이가 쓴 일기다. 아이는 일기장에다 네 발목에만 하얀 털이 난 강아지를 그려 놓았다. 이 글에 대하여 어른들은 어떤 반응을 보였을까? 공학도인 아빠는 '강아지가 어떻게 양말을 신니? 신은 것 같다고 써야지'라고 지적했다. 문학도인 아이의 엄마는 '하얀 양말보다는 하얀 털양말이 더 좋은 것 같아'라고 했다. 그래서 아이는 '우리 집 흥부는 하얀 털양말을 신은 것 같다'고 고쳐 썼다.

어떤 일이 일어나고 있는가? 어른들의 잘못된 지도로 아이의 신선한 문장이 망가지고 있다. 아빠는 은유를 직유로 끌어내렸고, 엄마는 물고기를 잡으려는 아이에게 물고기 잡는 방법 대신 친절하게도 물고기 한 마리를 직접 잡아 주었다.

좋은 문장을 쓰기 위한 훈련에서 가장 먼저 시작해야 할 것은 단어 선택이다. 생각을 표현하기에 딱 맞는 단어를 선택하는 기술. 그것이 글쓰기의 첫 번째 계단이다. 위 경우라면 아이에게 좋은 문장력을 길러 주기 위하여 어떻게 하는 것이 좋을까? 아빠처럼 지도하는 것은 이 아이에게 아무런 도움이 되지 않는다. 도움은커녕 가만히 있는 것만도 못하다. 엄마처럼 '털양말'이라고 가르쳐 주는 것도 별 도움이 안 된다. 차라리 '하얀 양말보다 더 딱 맞는 말은 없을까?'라고 질문했다면 꽤 훌륭한 글쓰기 지도가 되었을 것이다. 물고기를 잡아 주지 않고 잡는 방법을 길러 주는 격이니까. 그러면 아이는 더 딱 맞는 말이 있다는 것을 염두에 두고 글을 쓸 때마다 더 딱 맞는 말을 찾게 된다. 한 번만이 아니라 일생을 두고 글을 쓸 때마다 '더 딱 맞는 말'을 찾게 될 것이다. 이것이 단어 선택에 대한 자극이자 교육이다.

《목걸이》라는 단편으로 세계적인 작가가 된 기 드 모파상이 청년 시절에 당시 프랑스 문단의 거장 구스타브 플로베르를 찾아갔다. 제자가 되기 위해서였다. 플로베르는 소설을 배우러 온 청년 모파상에게 대뜸 물었다.

"어느 층계로 올라왔는가?"

"나무 층계로 올라왔습니다."

"그래? 그 층계가 몇 개였지?"

"잘 모르겠는데요."

"그래? 그렇다면 자네는 소설가가 될 수 없을 걸세."

모파상은 다시 나가 나무 계단을 세어 보고 선생에게 와서 서른 여섯 개라고 말했다. 그러나 플로베르의 질문은 거기서 끝나지 않았다.

"그 계단을 올라올 때 일곱 번째 계단에서 무엇을 발견했지?"

모파상은 다시 돌아가 일곱 번째 계단을 살폈다. 못이 빠져 있었다. 모파상이 플로베르에게 그 이야기를 했을 때 질문은 또 이어졌다.

"그럼 그 일곱 번째 계단에서는 어떤 소리가 나던가?"

모파상은 그 계단에서 들리는 소리를 스승에게 이야기하기 위하여 수십 번을 밟아 보았다.

플로베르는 왜 이렇게 모파상을 훈련시켰을까? 다름 아닌 '일물일어설(一物一語說)'을 설명하기 위해서였다. 리얼리즘의 거장인 플로베르는 제자들에게 '세상에 똑같은 파리는 없고, 똑같은 나뭇잎도 없고, 똑같은 모래알도 없다. 글을 쓸 때는 그 현상에 딱 맞는 말을 골라야 한다'고 가르쳤다.

딱 맞는 말을 찾으려면 단어를 많이 알아야 한다. 머릿속에 들어 있지 않은 단어가 글을 쓸 때 나올 리 없다. 지금 아이의 글쓰기 공책을 살펴보자. 단어 하나를 골라 밑줄을 치고 '더 딱 맞는 말은 없을까?'라고 써 준다면 현명한 글쓰기 지도가 시작된다. 밑줄 칠 단어를 고를 때에는 비슷한 말이 많은 단어를 고른 후 아이가 여러 개의 단어를 놓고 고민하도록 만든다. 그러면 단어 선택에 대한 안목이 높아진다. 비슷한 말이 없는 단어 밑에 줄을 치면 답이 없는 문제를 내고 풀어 보라고 하는 것처럼 지루해서 역효과를 가져온다.

좋은 문장은 간결하고 쉽다

(a) 좋은 문장이란 일곱 살 아이도 이해할 수 있는 단어로 쓴 글이다.

(b) 짧은 문장으로 써라. 짧은 문장이 너의 생각을 영롱하게 만든다.

(c) 좋은 문장이란 큰 생각을 짧은 문장 속에 담고, 보잘 것 없는 문장은 긴 문장 속에 작은 생각을 담는다.

(a)는 레프 톨스토이의 문장론이고, (b)는 어니스트 헤밍웨이의 문장론이고 (c)는 쇼펜하우어의 문장론이다. 톨스토이는 쉬운 문장을, 헤밍웨이는 짧은 문장을, 쇼펜하우어는 함축적인 문장을 좋은 문장의 제일 조건으로 꼽았다. 실제로 톨스토이는 소설을 쓸 때 초등학교 1학년 어린이에게 읽어 보게 하고는 그 아이들이 이해하면

만족했다는 일화가 있다. 헤밍에이는 짧은 문장으로 쓰기 위해 서서 글을 썼다는 일화가 전해진다.

글을 읽을 때 머리에 쏙쏙 들어오는 쉬운 글이 있는가 하면 그렇지 못한 글이 있다. 머리에 쏙쏙 들어오는 쉬운 글은 십중팔구 쉬운 단어를 사용한다. 반면 쉬운 내용을 어렵게 설명해서 머리를 복잡하게 만드는 글이 있다. 이런 글들은 십중팔구 어려운 단어를 많이 사용하고 있다. 쉬운 단어는 쉬운 문장을 만들고 어려운 단어는 어려운 문장을 만든다.

같은 내용이라도 읽고 싶은 글과 읽기 싫은 글이 있다. 읽고 싶어지는 글은 문장의 초점이 살아 있어서 독자가 쉽게 이해할 수 있는 글이다. 짧은 문장일수록 문장의 초점이 잘 보이지만 너무 짧게 끊어 놓으면 초점이 조각조각 흩어져 오히려 산만한 글이 된다. 짧은 문장이라도 하나의 완결된 의미를 담고 있어야 좋은 문장이 된다.

(d) 동수는 집 주위를 돌았다. 대문으로 다가갔다. 마당에는 아무도 없다. 집 안은 조용하다. 어머니는 부엌에서 요리를 하고 있다. 누나는 마루에서 책을 읽고 있다.

(e) 동수는 집 주위를 돌아서 창문으로 다가갔는데 집 주위에 아무도 없었으며, 집 안은 조용하고 엄마는 부엌에서 요리를 하고 누나는 마루에서 책을 읽고 있다.

(f) 동수는 집 주위를 돌아서 대문으로 다가갔다. 마당에는 아무도 없고 집 안은 조용하다. 어머니는 부엌에서 요리를 하고, 누나는 마루에서 책을 읽고 있다.

위의 글 (d), (e), (f)는 내용은 같으나 느낌과 이해도가 다르다. (d)는 지나치게 문장을 짧게 끊어서 산만한 글이 되었다. (e)는 두세 문장으로 끊어야 할 문장들을 하나로 묶어서 초점이 흐려졌다. (f)는 문장의 길이가 알맞아 내용이 정확하게 전달된다. 이렇게 문장의 길이는 내용의 전달은 물론 읽는 이에게 호감을 주기도 하고 불쾌감을 주기도 한다. 또한 긴 문장은 읽는 이가 내용을 기억하기가 힘들다. 반면에 간결한 문장은 내용 전달이 쉽고 기억하기가 좋다.

간결하고 쉬운 문장을 쓰는 비결

1 쉬운 단어를 사용한다.

2 두 문장을 한 문장으로 만들지 않는다.

3 한 문장 속에 주어와 술어를 하나씩만 넣는다.

4 간결하고 멋진 문장을 보면 공책에 베껴 두었다가 다시 읽어 본다.

읽히는 문장에는 음악이 흐른다

민들레와 바이올렛이 피고, 진달래 개나리가 피고, 복숭아꽃 살구꽃 그리고 라일락 사향장미가 연달아 피는 봄. 이러한 봄을 마흔 번이나 누린다는 것은 적은 축복이 아니다. 더구나 봄이 마흔 살이 넘은 사람에게도 찾아온다는 것은 참으로 다행이다.

_피천득의 수필 〈봄〉에서

왜 많은 사람들이 피천득의 글을 좋아하는 것일까? 왜 그에게 '명문장가'라는 말이 따라다니는 것일까? 피천득이 아니더라도 많은 사람들이 아끼는 글을 보면 한 가지 특징이 있다. 운율이다. 시가 아니어도 시처럼 혀끝에 감도는 윤율. 리듬감이 있을 때 사람들은 거부하지 않고 글을 읽어 나간다.

(a) 도리취 공주는 자기 방 속에서 나오지를 않고 책을 읽으며 지냈다. 책을 읽던 공주는 모기에게 등을 물려서 퉁퉁 부었는데, 손으로 긁어 보아도 시원하지가 않았다.

(b) 도리취 공주는 자기 방에 틀어박혀 책읽기를 좋아했다. 책을 읽던 공주는 어느 날 모기에게 등을 물렸다. 그런데 퉁퉁 부은 등을 긁었지만 시원하지가 않았다.

아이들 글에도 리듬이 있다. (a)와 (b)는 둘다 《공주는 등이 가려워》라는 동화책 내용을 소개하는 초등학교 4학년 학생의 글이다. 두 글 중에 더 좋은 글을 선택하라고 하면 누구나 (b)를 선택할 것이다. (a)에는 리듬이 없고 (b)에는 리듬이 있기 때문이다. 이 리듬이 읽는 사람의 마음에 즐거움을 선사해 준다.

리듬은 시에만 있는 것은 아니다. 산문에도 은은한 리듬이 흐른다. 리듬이 있는 문장은 쓰는 이도 즐겁고 읽는 이도 즐겁다. 글쓰기를 즐기는 사람들의 글에는 리듬이 있다. 흡사 노래 잘하는 사람들이 리듬을 타고 노래하는 것처럼. 반면 글쓰기가 지겹다는 사람들의 글을 보면 리듬이 없다. 흡사 노래 못하는 사람들이 리듬, 박자 무시하고 노래하는 것처럼. 리듬을 무시한 글은 어색하고 전달력도 떨어져 골치 아픈 글이 되고 만다.

리듬 있는 문장은 기억하기가 쉽다. 학생들이 조선의 역대 왕 이름을 욀 때 '태정태세 문단세……' 하고 리듬을 넣으면 순식간에 외어지는 것처럼. 리듬 있는 것은 기억하기에 좋다. 우리말의 특성상 글자 결합이 3.4조 혹은 7.5조가 될 때 리듬감이 살아난다. 3.4음보는 우리 전통 시를 이루는 리듬이다. 글자 수를 세어 보지 않아도 큰 소리로 읽어 보면 리듬이 들어 있는지, 들어 있지 않은지를 알 수 있다. 큰 소리로 읽을 때 리듬감이 있는 글은 술술 막힘없이 읽혀진다.

셰익스피어의 모든 작품은 시극(詩劇)으로 표현되었고 영어의 리듬을 살려 낸 탁월한 문장으로 평가받는다. 그러나 그의 작품도 한국어로 번역된 것을 보면 딱딱하고 재미가 없다. 왜 그럴까? 번역 과정에서 영어의 의미만을 한국어로 번역하고 리듬은 살려 내지 못했기 때문이다. 아이들이 쓴 글도 마찬가지다. 내용이 아무리 좋아도 한국어의 리듬을 살려 내지 못하면 읽기 싫은 글이 되어 잘못 쓴 글로 평가받는다. 아이들의 글에 리듬을 넣기 위한 방법에는 다음과 같은 것들이 있다.

첫째, 시를 많이 읽고 외운다. 시적인 문장 속에 리듬의 모델이 들어 있다. 둘째, 글을 다 써 놓고 큰 소리로 읽어 본다. 음악을 틀어 놓고 읽어도 좋고 걸어가면서 읽어도 좋다. 리듬이 느껴지면 좋은 문장이다. 셋째, 책을 읽다가 리듬이 느껴지는 문장을 보면 메모장이나 일기장에 써 놓고 읽어 본다. 리듬 있는 문장은 전래동화나 명작동화 속에 많이 들어 있다.

소설가 이문열은 〈문예중앙〉 인터뷰에서 기자가 글쓰기 비밀을 묻자 그건 '사업 비밀'이라며 다음과 같이 털어놓았다.

"저는 지금도 독자들에게 제 글이 부드럽고 인상적으로 읽히길 기대할 때는 리듬에 맞추어서 씁니다. 우리에게 익숙한 리듬이란 3.4조나 7.5조 아니겠어요? 산문에는 리듬이 필요 없다고 한다면 이는 틀린 말입니다. 또, 어감의 선택도 중요하다고 봅니다. 예를 들어 '꽝', '팍', '땅' 등의 소리가 문장 속에 들어갈 때 그 의미에 있어서도 부드러운 느낌을 유발하기는 어렵지 않겠습니까?"

리듬 있는 글을 쓰는 방법

1 아름다운 동요, 동시를 큰 소리로 외어 본다.

2 좋은 동시를 공책에 베껴 쓴다.

3 가족 간에 동시 외기 시합을 한다.

4 리듬 있는 문장을 베껴 놓고 자주 읽어 본다.

5 리듬이 없는 글을 리듬 있는 글로 고쳐 본다.

즐거운 문장은 신선하고 담백하다

(a) 꽃처럼 예쁘고 별처럼 빛나는 너

(b) 숙아, 달래 마늘같이 조그마한 숙아

두 문장은 모두 사랑스러운 소녀의 모습을 표현한 문장이다. 그러나 문장 (a)는 소녀의 모습을 '꽃처럼', '별처럼'이라는 오랫동안 많은 사람들이 써 온 말로 표현하여 신선함이 느껴지지 않는다.

'나는 엄격하신 아버지와 자상하신 어머니 사이에서 태어나….'

신입 사원 뽑을 때 인사 담당자들이 최하위 점수를 주는 자기 소개서 스타일이다. 이런 낡은 투의 글을 보면 글을 쓴 사람까지도 낡아 보인다. '앵두 같은 입술, 호수 같은 눈동자, 닭똥 같은 눈물, 꾀

꼬리 같은 목소리, 가슴이 찢어지는 아픔, 하늘이 무너지는 슬픔'도 하나같이 낡은 말들이어서 읽는 이가 얼굴을 찡그리게 된다.

반면에 문장 (b)는 소녀의 모습을 '달래 마늘 같다'는 새롭고 독창적인 말로 표현해서 독자에게 신선한 충격을 준다. 독자가 글을 읽는 활동은 자신만의 창의적인 사고를 하는 과정이므로 낡은 투의 말이 나오는 글에서는 기쁨을 느끼지 못한다. 잔소리를 들을 때처럼 '또 그 소리' 하는 짜증이 일어나 지겨워지는 것이다. 반면 창의적인 새로운 말을 보거나 들을 때는 신선한 느낌이 들면서 두뇌가 즐거워진다.

담백한 문장이란 한 문장에 한 가지 생각만 담긴 문장이다. 문장 하나에 여러 가지 생각을 담으면 복잡한 문장이 된다. 그런 문장은 읽는 이의 두뇌를 복잡하게 어지럽혀 읽기의 즐거움이 절감된다. 담백한 문장을 위해서는 반복되는 단어를 없애고 꾸밈말을 절제해야 한다.

(c) 우리 누나는 노래를 좋아하고, 멋 내기를 좋아하고, 공부는 중간 정도인데 샘이 많고, 좋아하는 가수는 조용필이다.

(d) 나는 오늘 엄마와 함께 할머니 댁에 갔다. 나는 그곳에서 감을 땄다. 나는 주홍색 감을 50개 따 가지고 왔다.

(e) 우리 엄마는 매우 잘 웃으신다. 우리 아빠는 아주 굉장히 키가 크다.

위 예문들은 모두 초등학교 2학년 어린이들이 쓴 문장이다. (c)는 한 문장 안에 여러 가지 생각을 넣어서 담백하지 못한 글이 되었다. 노래하기, 멋 내기, 공부하기, 좋아하는 가수 중 하나만 골라 누나를 표현했다면 한결 담백한 글이 되었을 것이다. 예문 (d)는 '나는'이라는 단어를 반복적으로 사용하여 지루한 문장이 된 예다. 예문 (e)는 꾸밈말을 너무 많이 넣어 담백한 문장이 되지 못한 예다. '매우'와 '아주'를 덜어 내면 한결 담백한 문장이 된다.

신선하고 담백한 문장 만들기

1 한 문장 속에 한 가지 생각만 담는다.

2 두 문장을 한 문장으로 만들지 않는다.

3 필요 없는 단어는 빼고 단어 중복을 피한다.

4 꼭 필요하지 않을 때는 접속사를 쓰지 않는다.

5 원인과 결과를 한 문장 속에 넣지 않는다.

6 꾸밈말을 남용하지 않는다.

아름다운 문장에는 그림과 향기가 들어 있다

똥 벌레는 밖에서부터 속으로 들어간다. 이 벌레는 맨 처음 구멍의 아가리에서부터 파기 시작하므로, 파 낸 흙더미는 땅 위로 흘러 쌓이게 된다. 매미 새끼는 이와 반대로 안으로부터 땅 밖으로 올라온다. 밖으로 통하는 마지막 문구멍을 뚫는 것은 맨 나중의 일이다.

《파브르 곤충기》의 한 부분이다. 개미들이 왔다 갔다 하는 모습이 생생하다. 이런 보여 주기 문장은 상황을 전달하는 데 매우 효과적이다. 문장은 머릿속에 그림을 그린다. '어머니'라는 단어를 읽을 때 독자는 머릿속에 자신의 어머니나 다른 사람의 어머니, 혹은 영화에서 본 어떤 어머니를 그린다. 태극기를 읽을 때는 태극기를 그리고 참외를 읽을 때는 참외의 모양, 색깔, 맛까지 상상한다.

생생하게 설명하기는 바로 독자의 이런 상상 작용을 만족시키는 글쓰기 방법이다. 생생하게 쓰기는 모양, 색깔, 소리, 촉감을 그대로 전해 준다. 이런 글은 읽는 사람에게 전달이 잘 되는 장점을 가지고 있다. 좋은 글을 쓰는 사람은 자신의 시각, 청각, 촉각, 후각, 미각으로 느낀 것을 정확하게 표현할 수 있는 단어를 선택한다. 생생하게 표현된 문장을 읽을 때에 독자는 작가가 표현한 장면, 맛, 냄새를 구체적으로 상상하며 읽게 된다. 그래서 작가의 경험이 그대로 독자에게 전달된다.

생생하게 쓰기는 문학 작품뿐 아니라 일기, 독후감, 기행문, 논설문 등 다양한 글에서 널리 사용된다. 생생하게 쓰기는 독자를 지루하게 하지 않고 재미있는 글을 만든다. 생생하게 쓰기를 연습하는 방법에는 다음과 같은 것들이 있다.

첫째, 귀에 들리는 소리를 그대로 표현해 본다. 예를 들어 헝겊우산에 떨어지는 빗소리와 비닐우산에 떨어지는 빗소리를 구분하여 써 보게 한다. 물론 친구의 문장과 나의 문장이 같을 필요는 없다. 잘된 글을 정해 놓고 강요하면 아이들은 글쓰기의 재미를 상실하게 된다.

둘째, 눈에 보이는 모습을 생생하게 표현해 본다. 예를 들어 아기가 웃는 모습과 여든 할머니가 웃는 모습을 표현해 본다. 물론 저마다 다른 글을 쓰기 마련이다. 문장 속에는 자신이 피사체에서 느끼는 감정이 포함되기 때문에 각자 다를 수밖에 없다.

셋째, 코로 들어오는 냄새를 생생하게 표현해 본다. 예를 들어 된장찌개 끓는 냄새, 백합의 향기, 라일락 향기의 차이를 생생하게 써 보는 것이다.

넷째, 내 마음이나 기분을 생생하게 표현해 본다. 100점 맞은 시험지를 받았을 때, 10점 맞은 시험지를 받았을 때, 선생님에게 칭찬 들었을 때의 내 마음을 글로 쓰는 일은 쉽기도 하고 재미도 있다. 평화나 인내심처럼 거창한 문제에 대하여 쓰라면 주눅이 들던 아이도 자기 마음을 쓰라면 즐거워한다.

이렇게 오감으로 느끼는 감각을 생생하게 표현하는 것은 좋은 문장을 쓸 수 있는 기초 능력이 된다.

생생하게 쓰기에 사용되는 형용사들

1 보이는 모양을 그대로 쓴다 - 동글동글, 네모반듯하게.

2 들리는 소리를 그대로 쓴다 - 쪼르륵쪼르륵, 딸랑딸랑.

3 피부에 닿는 느낌을 그대로 쓴다 - 미지근하게, 선뜩선뜩.

4 색깔을 그대로 쓴다 - 희뿌옇게, 누르칙칙하게.

5 맛을 생생하게 쓴다 - 시금털털하게, 매콤하게, 짭짜름하게.

주어와 술어가 호응해야 의미가 확실해진다

호응(呼應)이란 문장 속에서 주어와 술어가 부르고 대답하는 구조를 말한다. 주어와 술어는 문장을 이루는 기본 뼈대인데, 이 둘이 서로 절친이 되어 부르고 대답할 때 문장의 의미가 확실해진다. 주어는 있을 자리를 지키고, 주어의 짝이자 문장의 의미를 전달하는 술어가 제 역할을 다할 때 문장은 정확한 의미를 자연스럽게 전달할 수 있다.

(a) 가령 산에서 길을 잃었을지라도 허둥대면 안 된다.

(b) 모름지기 학생은 공부를 열심히 해야 한다.

(c) 왜냐하면 우리 아버지는 몸이 편찮으시다.

(d) 그렇다고 내가 영어를 싫어하는 것은 아니다. 글쎄 몰랐을 뿐이다.

위의 문장 (a), (b)는 읽는 즉시 무슨 뜻인지 알 수 있다. 그러나 (c)와 (d)는 무슨 뜻인지 알기가 어렵다. (a), (b)는 호응이 이루어진 문장이고 (c)와 (d)는 호응이 깨진 문장이다. (c)와 (d)는 각각 다음과 같이 고쳐야 뜻이 통하는 문장이 된다.

(e) 왜냐하면 우리 아버지는 몸이 편찮으시기 때문이다.

(f) 그렇다고 내가 영어를 싫어하는 것은 아니다. 다만 몰랐을 뿐이다.

호응에는 주어와 술어의 역할이 가장 중요하다. 주어가 끌고 가는 문장이 술어를 잘못 사용함으로써 이상한 의미가 되는 예가 많다.

(g) 서울 강남의 한 학원은 초등학생들에게 서울대학 필독서를 3개월 만에 해결된다.

(h) 이런 갑작스러운 변화는 긍정적인 변화를 가져오는 것이 아니라 부작용만 가중될 뿐이다.

문장 (g)에서 주어는 '서울 강남의 한 학원'인데 술어는 '해결된다'로 끝을 맺고 있다. '학원이 해결된다'니 무슨 말인가? (h)에서는 '갑작스러운 변화'가 주어인데 술어부는 '가중될 뿐이다'로 끝을 맺는다. '변화가 가중될 뿐'은 무슨 말인가? 두 문장 모두 주어와 술어부의 호응이 되지 않은 예다. 이렇게 호응이 안 되는 문장에서 주어는 힘을 잃고 문장의 뜻은 흔들리게 된다. 그런데 이렇게 주어와 술어가 맞지 않는 문장을 쓰는 사람들이 의외로 많다. 초등학생뿐 아니라 중·고등학생 중에도 주어를 끝까지 책임지는 학생은 많지 않다. 위의 (g), (h)는 다음과 같이 고쳐야 뜻이 통한다.

(i) 서울 강남의 한 학원은 초등학생들에게 서울대학 필독서를 해결해 주겠다는 광고를 했다.
(j) 이런 갑작스러운 변화는 긍정적인 변화를 가져오는 것이 아니라 오히려 부작용만 가중시킬 뿐이다.

왜 이런 일이 벌어지는 것일까? 첫째, 주어에 대한 관심이 없어서다. 주어를 세워 놓았으면 끝까지 책임져야 한다. 둘째는 주어와 술어를 짝지어 생각해 보지 않았기 때문이다. 주어와 술어는 문장의 골격이다. 아무리 좋은 내용을 쓴다 해도 주어와 술어가 호응을 이루지 않으면 문장의 뜻은 흐트러지고 만다.

주어와 술어가 호응을 이루는 문장을 쓰려면 짧은 문장으로 쓰는 것이 좋다. 짧은 문장으로 쓰면 주어와 술어 사이에 끼어드는 단어가 적어서 호응 맞추기가 쉬워진다. 긴 문장에는 주어와 술어 사이에 많은 단어들이 끼어드므로 호응이 깨지기 쉽다. 특히 문장을 길게 쓸 때에 주어에 책임을 지지 못하는 경우가 생기기 쉽다. 짧은 문장으로 쓰면 주어를 책임지기가 쉬워진다.

주어와 술어가 호응하는 방법

1 주어는 문장의 머리에 놓는 것이 좋다.

예) 영주를 보고 철이는 웃었다 → 철이는 영주를 보고 웃었다.

2 주어는 추상 명사, 보통 명사보다 구체 명사가 좋다.

예) 사람은 공부를 열심히 하는 것이 좋다 → 학생은 공부를 열심히 하는 것이 좋다.

3 서술어는 문장의 꼬리에 두는 것이 좋다.

예) 밥을 먹었다. 철수는 → 철수는 밥을 먹었다.

4 서술어는 동사형으로 하는 것이 좋다.

예) 웃으시는 분이 우리 어머니다. → 우리 어머니가 웃으신다.

호응을 이루며 쓰이는 어휘

모름지기 ~해야 한다 / 왜냐하면 ~때문이다 / ~지만 ~않다 / 가령 ~지라도 / 아닌 게 아니라 ~더구나 / ~해도 ~일 것이다 / ~망정 ~겠다 / 오로지 ~뿐이다

정확한 문장은 토씨를 무시하지 않는다

(a) 영주는 노래를 잘한다.

(b) 영주는 노래도 잘한다.

(c) 영주는 노래까지 잘한다.

(d) 영주는 노래만 잘한다.

(e) 영주는 노래는 잘한다.

글쓰기 시간에 초등학교 아이들이 가장 자주 틀리는 것이 토씨 붙이기다. 초등학생뿐 아니라 중·고등학생이나 대학생까지 토씨를 정확하게 쓰는 사람은 그리 많지 않다.

토씨는 '조사'라고도 불린다. 문장에서 토씨는 매우 중요하다. 기껏해야 한두 글자로 된 토씨가 문장의 의미를 전혀 다르게 만드는 까닭이다. 위 글에서 다섯 개의 문장은 토씨로 인하여 그 내용이 모두 다르다.

(a) 문장은 영주가 노래를 잘한다는 것을 이야기 하는 단순한 문장이다. 그러나 (b) 문장은 영주가 다른 것을 잘하고 노래까지 잘한다는 칭찬의 의미가 담겨 있다. 나아가 영주를 매우 기특하게 생각하는 글쓴이의 마음도 담겼다. 그런데 (c) 문장은 한술 더 떠서 '노래까지 잘하니 다른 것은 말해 무엇하겠느냐'는 식으로 칭찬이 한층 강화되었다. (d) 문장은 영주는 다른 것은 다 못하고 노래만 잘한다는 의미로, 영주라는 아이를 전체적으로 폄훼하는 의미가 담겼다. (e) 문장은 공부는 못하는 게 노래는 잘한다는 비아냥이 느껴진다.

토씨를 정확하게 쓰는 방법은 다음과 같다.

첫째, 토씨에 대해 관심을 갖는다. 자신이 쓴 글이나 남의 글을 읽을 때 토씨가 제대로 쓰였는지 살펴본다. 의미가 이상하거나 어딘지 어색할 경우에는 토씨가 잘못 쓰인 경우가 많다. 이렇게 토씨 읽기에 관심이 많아지면 자연스레 토씨를 정확히 쓰게 된다.

둘째, 짧은 문장으로 쓴다. 긴 문장은 주어와 술어 사이에 여러 개의 단어가 끼어들기에 호응을 놓치기 쉽다.

셋째, 토씨의 사용 규칙을 정확하게 배운다. 토씨의 사용 규정으로는 다음과 같은 것이 있다. 토씨는 홀로 의미를 만들지 않고 반드시 앞 단어와 어울려 의미를 만든다. 그래서 토씨를 쓸 때에는 반드시 앞 명사와 띄지 않고 붙여 쓴다. 토씨를 선택할 때는 쓰려는 내용과 토씨가 잘 어울리도록 주의를 기울인다.

넷째, 문장을 써 놓고 다시 읽어 본다. 글이 어색하다면 토씨가 제대로 쓰이지 않은 것이다.

자주 쓰이는 토씨의 쓰임새

1 가, 는(주격 조사) - 내가, 나는.

2 의(소유격 조사) - 나의 책, 나의 집.

3 에(장소격 조사) - 집에 있다.

4 부터 ~까지(기간격 조사) - 3일부터 5일까지.

5 을, 를(목적격 조사) - 꽃을 본다. 그를 따라갔다.

6 아, 야(호격 조사) - 서영아, 철수야.

7 이다(서술격 조사) - 나는 학생이다. 우리는 초등학생이다.

8 과, 와, 하고(접속격) - 너와 나, 꽃과 나비, 너하고 나하고.

문장의 시제는 동사가 결정한다

문장에서 시제를 결정하는 것은 동사다. 영어에서는 이 구분이 명확하고 시제를 나타내는 동사를 짝지어 배운다. 반면 우리말에서는 이 시제 동사를 짝지어 배우거나 강조하지 않는다. 그래서인지 시제 동사를 잘못 쓰는 경우가 많다. 문장에는 과거형, 현재형, 미래형이 있다. 지난 과거에 일어난 일은 과거형, 지금 일어나고 있는 것은 현재 진행형, 돌아올 시간은 미래형을 쓴다. 그리고 과거에서 현재를 거쳐 습관이나 진리가 된 내용에는 현재형을 쓴다.

우리 엄마는 화장을 오래 한다. 교회에 가는 일요일 날에 제일 오래 한다. 일요일 아침마다 아빠는 엄마를 놀린다.

"하나님이 당신만 보는 줄 알아? 신도들이 얼마나 많은데."

그러면 오빠와 내가 웃는다. 엄마가 빨간 립스틱을 들고 입을 짝 벌리고 눈을 옆으로 흘기면서 거울을 들여다볼 때는 여우 같다.

초등학교 3학년 어린이의 글이다. 일요일 아침 풍경을 생생하게 표현했다. 그러나 어딘지 어색한 곳이 있다. 찾아보니 동사의 시제가 맞지 않는 곳이 두 군데 눈에 띈다. 세 번째 문장 '아빠가 엄마를 놀린다'와 '오빠와 내가 웃는다'다. 이 학생에게 물으니 '오늘 일기니까 처음부터 끝까지 현재형으로 썼다'고 했다.

위 글을 예로 설명하면 '엄마는 화장을 오래 한다'와 같이 과거부터 현재까지 계속되어 오는 것은 현재형으로 쓴다. 또 '똥 싼 놈이 성낸다'와 같이 예부터 지금까지 내려오는 만고불변의 진리도 현재형으로 쓴다. 그러나 과거에서 지금까지 계속하여 일어나고 있는 일이 아닌, 한정된 시간에 불규칙적으로 있었던 일은 과거형으로 쓴다. 그래서 '놀린다'는 '놀렸다'로 고치고, '웃는다'는 '웃었다'로 써야 정확한 문장이 된다.

동사의 시제를 정확하게 쓰는 것은 이론으로 가르치기보다는 항상 동사의 시제에 관심을 갖게 하는 것이 더 효과적이다. 주어와 동사의 시제를 일치시키는 방법에는 다음과 같은 것이 있다.

첫째, 주어와 동사를 가깝게 둔다. 주어와 술어가 거리가 멀면 문장의 의미가 분명하지 않아 이해하기 어려운 문장이 된다.

둘째, 동사는 수동태를 피하고 능동태를 쓴다. '되어진다', '이해되어진다'와 같이 수동형으로 쓰는 경우가 있는데 이것은 영어 번역 투에서 온 문장이다. 우리글은 능동태로 쓴다. '이해할 수 있다'로 써야 한다.

셋째, 부정형보다는 긍정형이 좋다. '학생이 게임에 빠지는 것은 좋지 않다'보다 '학생은 게임 대신 책 읽기에 빠지는 것이 좋다'와 같은 긍정형 문장을 쓰는 것이 좋다. 독자심리학에서 볼 때 부정형 문장은 독자의 마음속에 부정적인 인식을 심어 주는 원인이 된다. 그래서 어린이 책을 고를 때에는 긍정형 문장이 담겼는지 따져 보아야 한다.

넷째, 동사의 시제에 관심을 갖게 한다. 그러려면 친구 글에서 동사의 시제가 틀린 곳 찾기, 글을 쓰고 동사의 시제 확인해 보기, 동사의 시제를 바꾸고 의미가 어떻게 달라지는지 게임하기 등을 해 볼 수 있다.

시제를 결정하는 동사

1 과거에 일어난 일회성 사건

- 과거형(했다. 웃었다. 먹었다.)

2 과거부터 지금까지 계속되는 일

- 현재형(한다. 웃는다. 먹는다.)

3 현재 일어난 일을 말할 때

- 현재형 혹은 현재 진행형(먹는다. 먹고 있다.)

4 미래에 일어날 것을 예측할 때

- 미래형(할 것이다. 먹을 것이다. 갈 것이다.)

5 만고불변의 진리에 쓰이는 시제

- 현재형(천둥 치면 비 온다. 얌전한 고양이 부뚜막에 먼저 올라간다.)

읽기 편한 문장은 수식어와 피수식어가 가까이 있다

(a) 엄청난 홍수의 피해로 북한의 식량난이 가중되고 있다.

(b) 진취적인 ○○ 무역 회사의 과장님이신 우리 아버지는 영어를 잘하신다.

(c) 보람찬 월요일에는 항상 일이 생긴다.

(d) 암 투병 중인 2005년도 가요 대상을 휩쓴 김종식이 어머니와 나눈 애틋한 사연.

한 문장을 이루고 있는 구성 성분들은 다른 말을 꾸며 주기도 하고 꾸밈을 받기도 한다. 이런 수식 관계를 잘 이용하면 문장을 변화 있게 꾸밀 수도, 아름다운 문장을 만들 수도 있다.

위 예문 (a), (b), (c), (d)는 내용이 아리송한 문장이다. (a) 문장에서는 '엄청난'이라는 수식어가 홍수를 꾸미고 있는 것처럼 보이나 문장을 전체적으로 보면 피해를 꾸미고 있는 것 같기도 하다. 아니면 둘 다 꾸미는 것 같기도 하다. (b) 문장에서는 '진취적인'이라는 수식어가 무역 회사를 꾸미는 것인지, 아버지를 꾸미는 것인지 애매하다. (c) 문장에서 '보람찬'은 월요일을 꾸미는 것인지, 일을 꾸미는 것인지 애매하다. (d) 문장에서 '암 투병 중'인 사람이 김종식인지 어머니인지 궁금하다. 여성지에 실린 기사 제목에서 따온 예문인데 내용을 읽어 보니 암 투병 중인 사람은 가수 김종식의 어머니였다. 위 문장은 다음과 같이 고쳐야 의미가 명확해진다.

(e) 홍수의 엄청난 피해로 북한의 식량난이 가중되고 있다.

(f) ○○ 무역 회사의 진취적인 과장님이신 우리 아버지는 영어를 잘하신다.

(g) 월요일에는 항상 보람찬 사건이 일어난다.

(h) 2005년도 가요대상을 휩쓴 김종식이 암 투병 중인 어머니와 나눈 애틋한 사연.

이와 같이 수식어와 피수식어의 관계가 분명하지 않을 때에는 문장의 내용이 정확하게 전달되지 않는다. 이런 일을 막기 위해서는 다음과 같은 훈련을 할 필요가 있다.

첫째, 문장을 쓸 때 수식어가 수식을 받는 피수식어 바로 앞에 오는 것이 좋다는 것을 염두에 둔다.

둘째, 수식어와 피수식어가 멀 때에는 의미가 불분명해진다. 그러므로 수식어와 피수식어 사이에는 가능한 다른 단어를 끼워 넣지 않는 것이 좋다.

셋째, 두 개 이상의 수식어가 이어져 하나의 피수식어를 꾸며 줄 때는 수식어가 긴 것을 앞에 두는 것이 자연스럽다.

넷째, 되도록 수식어를 많이 사용하지 않는 것이 좋다. 수식어가 너무 많은 문장은 군더더기가 잔뜩 붙은 것처럼 무거워 투박한 문장이 된다.

문단은 딱 하나의 화제를 가진다

일본에는 '구린 것에는 덮개를 씌워라', '모르고 지내는 것이 부처님 되는 길이다'라는 속담이 있다. 이것은 일본의 역사 왜곡이 왜 나타나는지 짐작하게 해 주는 말이다. 부끄러운 과거는 숨겨 버리거나 조작해서라도 자신을 미화시키는 것은 그들의 골수에 박혀 있는 관습이다.

'일본 교과서 왜곡 사건'으로 세계가 떠들썩하다. '한국 식민지 정책'을 '한국인 해방 정책'으로 기술하고, '대동아 전쟁'은 '해방 전쟁'으로 기술하고 있다. 또 일본군 '위안부'는 교과서에 싣지 않고 있다. 그동안 한국과 중국이 이런 왜곡된 글과 태도를 시정해 달라고 항의했지만 좀처럼 고쳐지지 않는다.

위의 글은 두 문단으로 구성되어 있다. 앞 문단의 화제는 일본에 자기 미화 전통이 있다는 것이고, 뒤 문단의 화제는 지금도 역사 왜곡이 진행되고 있다는 것이다.

글 한 편에서 단위가 가장 큰 토막이 문단이다. 문단은 '단어 → 문장 → 문단 → 글'과 같은 글쓰기 과정 속에서 그 자체로서 갖출 요소를 제대로 갖춘 한 편의 '생각 덩이'다. 문단을 구성하는 데는 여러 가지 조건이 따르지만 문단이 이루어지는 데 가장 기초적인 조건은 화제(話題)다.

화제는 '이 글을 왜 쓰느냐'에 대한 대답이다. 즉 글쓴이가 말하고 싶은 중심 생각이다. 화제가 있느냐 없느냐에 따라 문단으로 볼 것인지 아닌지가 결정된다. 그 속에 하나의 화제를 갖추지 않았을 때는 문단이 성립되지 못한다. 문단에는 그 문단의 중심 생각을 진술하는 중심 문장이 나온다. 이것을 화제문, 또는 작은 주제문이라고 한다. 화제문에는 중요한 부분이 보통 두 개 나오는데 그것들은 화제를 명명하는 단어 한 개와 구(句)다.

가령 '영희는 꽃을 좋아한다'는 화제문일 경우 '영희'란 단어는 이 문단이 앞으로 누구에 관한 이야기를 하려는지 말해 준다. 또한 '꽃을 좋아한다'는 언급은 앞으로 말하려는 내용이 꽃에 대한 것임을 알려 준다. 화제문은 문단의 사령관이요, 핵심이다. 따라서 화제는 한 문단에 딱 하나만 있는 것이 정상이다. 문단이 잘 엮어졌느냐는 화제문이 정확한 의미를 가지고 있느냐에 달려 있다. 문단 속에서 화제가 씨앗이라면, 화제문은 그것이 피워 낸 한 송이 꽃이다. 일반적으로 화제가 문장으로 표현되는 경우는 설명문과 논설문, 기사문, 보고서와 같은 실용문이고 시, 동화, 소설, 수필 같은 문학 작품에는 대부분 글 속에 녹아 있어서 보이지 않는다.

문단 속에 화제 넣기 훈련

1 화제가 명확한 글을 읽고 화제를 말해 본다.

2 친구의 글 속에서 화제를 찾아본다.

3 화제가 불분명한 글을 읽고 화제를 찾는다.

4 자기 글 속에서 화제를 찾는다.

5 글을 쓰기 전에 화제를 정해 놓고 글을 쓴다.

6 글을 쓰고 나서 엄마나 친구에게 화제를 찾아보게 한다.

문단에는 육하원칙이 필요하다

모든 이야기는 누가(who), 언제(when), 어디서(where), 무엇을(what), 왜(why), 어떻게(how) 했는가에 대한 것이다. 이것을 '육하원칙(5W1H)'라고 한다. 육하원칙은 어떤 사실을 타인에게 정확하게 전달하는 데 필요한 기본 요소다. 문단 쓰기에서 육하원칙은 핵심 요소다. 내용이 충실한 문단이 되느냐 아니냐는 육하원칙이 충실히 들어 있느냐에 달렸다. 육하원칙이 한 편의 완결된 이야기를 만들어 주기 때문이다.

특히 초등학생이 문단 만들기를 연습할 때는 육하원칙에 따라 연습하는 것이 좋다. 일기처럼 자기만 보는 글일 경우에도 문단의 내용은 육하원칙을 포함해야 반듯한 글이 된다. 편지, 기행문, 보고서, 논술문, 신문 기사처럼 다른 사람이 보는 글은 의미가 정확하게 전달되어야 하기 때문에 육하원칙은 한층 중요하다.

'누가(who)'는 글의 주체인 주어를 의미한다. 누가 하는 행동인가, 누가 글을 이끌어 가는 주체인가를 밝히는 신호다. 일기, 편지라면 '나'가 누가에 속한다. 기사문이나 설명문, 논설문에서는 사람, 물건, 자연, 방법 등 글의 주어 노릇하는 일체의 것이 누가가 된다.

'언제(when)'는 사건이 발생한 때를 말한다. 신문 기사에서는 사건이 벌어진 시각으로 매우 제한된 때를 의미한다. 이를 사건적 시간이라고 한다. 소설이나 영화에서의 언제는 '조선 시대', '고려 시대'와 같은 시대적 배경이나 봄, 여름, 가을, 겨울과 같은 계절적 배경, 그리고 밤이나 낮과 같은 시간적 배경도 언제에 해당한다.

'어디서(where)'는 사건이 일어나는 공간을 의미한다. 신문 기사라면 사건이 발생한 지명이 된다. 문학이나 영화에서는 주인공이 활동하는 지역이 된다. 넓게는 한국, 충청북도 등으로 지칭되기도 하고 좁게는 '배의 갑판', '운동장'과 같이 좁혀지기도 한다. 어디서에 따라 풍경, 의미, 언어가 달라지기도 한다.

'무엇을(what)'은 사건이나 이야기의 목적이다. 신문 기사에서는 사건 자체가 되고, 일기에서는 내용의 핵심이 되고, 문학 작품에서는 사건이 된다.

'왜(why)'는 이유다. 세상의 모든 사건은 이유가 있다. 이 이유를 밝히는 것이 글의 명확성을 돕는다. 특히 논증에서는 이 왜가 매우 중요하다. 왜에 해당하는 이유가 '참'일 때 논증은 비로소 '진실'이 된다. 왜가 설득력을 잃으면 논술은 설득력을 잃는다. 왜는 '때문이다'와 짝을 지어 완성된다.

'어떻게(how)'는 방법이다. 주체가 혹은 보조 인물들이 어떤 방법으로 사건을 일으켰는지를 밝히는 것이다. 신문 기사에서는 방법이 되고 문학 작품에서는 과정이 된다. 예를 들면 쌀가게에서 쌀 배달을 하던 청년 정주영이 20년 후에 한국 최고의 재벌이 되었다는 이야기를 할 때 사람들이 가장 궁금해하는 것은 그가 어떻게 부자가 되었는지에 대한 것이다. 쌀 배달 청년 정주영이 재벌 정주영이 될 수 있었던 어떻게에 해당하는 '근면 성실과 창의적 사고'가 빠진 정주영 이야기는 가치를 잃고 만다.

육하원칙 쓰기 훈련

1 잘된 글을 놓고 육하원칙을 찾아본다.

2 친구들의 글을 놓고 육하원칙을 찾아본다.

3 자기 글을 놓고 육하원칙을 찾아본다.

4 글을 쓰기 전에 육하원칙을 먼저 정리하고 글을 쓴다.

모든 문단은 맡은 역할이 있다

한 편의 글 속에는 여러 개의 문단이 들어 있다. 글 속에서 각자 맡은 역할에 따라 도입, 발전, 정리 문단 등의 이름으로 불린다. 도입 문단은 영화의 첫 장면처럼 유혹하는 역할을 하고 발전 문단은 1, 2, 3…으로 나뉘어져 내용을 순차적으로 소개한다. 정리 문단은 이제까지의 내용을 요약하여 정리하거나 결론을 내린다.

각 문단에는 그 문단이 지니고 있는 각각의 중심 내용이나 생각이 들어 있다. 이 중심 내용이나 생각을 글 전체 주제와 비교하여 소주제, 혹은 화제(topic)라고 부른다. 이 화제가 주어와 술어를 갖춘 문장으로 모습을 나타낼 때, 이를 주제문이나 화제문이라 한다. 일반적으로 문학 작품에서는 화제나 소주제가 문장의 모습을 띠지 않고 전체 글 속에 녹아 있는 경우가 많다.

문단은 한 자 들여 씀으로써 새로운 문단이 시작된다는 사실을 독자에게 알린다. 그러면 독자들은 잠깐 쉴 틈을 얻고 다음 문단을 읽을 준비를 한다. 그런데 요즘 일부 책에서는 문단 들여쓰기를 하지 않는 경우가 보인다. 이는 세계 공통의 규칙을 어기고 독자의 가독성을 해치는 행위다. 문단 구분의 목적은 독자가 한 문단을 정리하고 잠깐 숨을 돌리는 것에 있다. 즉 길을 가다가 잠시 쉬는 벤치와 같다. 벤치가 있는 길과 없는 길은 걷는 기분은 각각 다르다.

독자는 시작 문단에서 이 글을 읽을지 말지 결정한다. 처음 읽는 글 앞에서 독자가 읽을지 말지를 결정하는 시간은 3초~1분이라고 한다. 매력적인 시작 문단을 쓰기 위해서는 다음 방법을 사용하는 것이 좋다.

먼저 시각적으로 짧게 보이는 것이 좋다. 내용만 짧은 게 아니라 문장도 짧아야 좋다. 강하고 분명한 메시지를 전하는 짧은 문장이 좋다. 길고 애매모호한 데다가 분량이 많아 보인다면 독자는 순식간에 읽기를 포기할 것이다. 또, 중요한 개념은 시작 문단에서 소개하는 것이 좋다. 과거에는 중요한 개념을 글의 맨 끝인 결론 문단에 넣는 미괄식 글이 유행하기도 했다. 그러나 요즘 독자들은 중요한 개념이 앞에 나오는 두괄식 글을 선호한다.

시작 문단을 읽고 내용 문단까지 온 독자는 충실한 내용을 원한다. 이런 독자에게 충실한 내용을 전하는 것이 내용 문단의 역할이다. 내용 문단은 대개 여러 개의 문단으로 구성된다. 이 문단들이 놓이는 자리는 의미 관계에 따른다.

내용 문단은 통일성으로 연결되어야 한다. 각각의 의미를 가지고 내용 문단이 된 문단들은 통일성을 갖추어야 한다. 각각의 독립된 문단이면서 글 전체를 위한 통일성이 있어야 글에 생명이 흐른다. 통일성이 없으면 글은 산만하고 가독성이 낮아져 독자의 머리만 아프게 한다. 또한 내용 문단은 논리적으로 연결되어야 한다. 예를 들어 주장을 제시하는 문단 뒤에는 해결 방안을 말하는 문단이 필요하다. 그리고 문제를 내놓은 문단 다음에는 해답을 제시하는 문단이 필요하다.

마지막으로 정리 문단은 결론을 보여 주는 단락이다. 영화의 엔딩 장면처럼 정리 문단에서는 강력한 호소력이 필요하다. 따라서 다음 두 가지 원리가 중요하다.

첫째, 정리 문단은 요약하여 기억하기 좋은 형식으로 제시한다. 이때 쉽고, 짧고, 분명한 문장으로 써야 기억이 잘된다.

둘째, 정리 문단은 글의 주제에 대한 대답이다. 독자가 동의하지 않는 대답은 실패한 글이다. 그래서 정리 문단을 쓸 때는 인상적인 쓰기 능력이 필요하다. 예를 들어 해결책 제시하기, 인용구로 결말 쓰기, 현실 적용 방법으로 결론 쓰기 등이 있다. 괴테는《젊은 베르테르의 슬픔》을 집필할 때 23가지 결말을 만들었다고 한다. 그만큼 글쓰기 대가들이 공을 들이는 부분이 결말이다.

5장

공부머리를 완성하는
글쓰기 전략 4단계:

맛있고 힘 있는 글을 만드는 글쓰기 기술

설명할 수 있어야 진짜로 아는 것이다

세상에는 두 가지 지식이 있다. 알고 있다는 느낌은 있는데 남들에게 설명할 수 없는 지식과 남들에게 설명도 할 수 있는 지식이다. 인지과학에서는 두 가지 가운데 후자의 경우만 진짜 아는 것이라고 본다. 아느냐 모르느냐를 가르는 건 '설명할 수 있느냐'다. 설명을 하다 막힌다는 것은 뭔가 모르는 게 있다는 뜻이다. 막히고 나면 자신이 모른다는 것을 깨닫게 된다.

말로 할 때는 아는 것 같았는데, 글로 써 보니 모르는 것 같은 지식도 있다. ○, × 방식이나 찍기로 시험을 볼 때는 안다고 생각했는데, 서술형으로 시험을 보니 확실히 아는 게 아니라는 생각이 들 때도 있다. 글로 쓰기 전에는 자신이 그 지식을 얼마나 알고 있는지 확실히 모르기 때문이다. 그래서 독서심리학자와 인지심리학자들은 '인간은 입력할 때보다 출력할 때 더 많이 배운다'고 말한다. 우리가 책을 읽을 때에는 지식을 입력하고 아는 것 같지만 그것을 말이나 글로 출력하기 전에는 얼마나 아는지를 모른다. 말과 글로 설명해 보아야 자신이 얼마나 아는지 알게 된다. 그래서 '공부는 30%는 눈으로 하고 70%는 입과 손으로 한다'는 말이 있다.

(a) 중세의 농부들은 회색과 검은색으로 된 옷만 입어야 했다. 귀족과 그의 자녀들이 다른 예쁜 색을 자기들 옷으로 지정했기 때문에 남은 것이라곤 회색과 검정뿐이었다.

(b) 사람의 체온은 36도나 37도면 정상이다. 그보다 조금 높아지면 열이 있다고 한다. 열은 우리 몸이 병원체와 싸울 때 생긴다. 열이 올라갈수록 저항하는 정도가 심하다는 증거다.

예문 (a)는 중세의 농부들이 입던 옷 색깔에 대한 설명이고, 예문 (b)는 체온이 높아지는 현상에 대한 설명이다. 이와 같이 무엇을 알리고자 할 때, 지식을 전하려고 할 때, 개념을 명백히 하려고 할 때 설명의 방식을 사용한다. 설명문은 짧게는 문장 한 개에서 많게는 수십 개, 수백 개의 문장으로 이루어진다. 교과서, 참고서, 학술 서적은 설명문으로 이루어져 있고, 사용 설명서, 안내서 등 생활을 돕는 글도 설명문이다.

설명문은 인간의 보편타당한 진실이나 사실만을 담는 글이다. 글쓴이의 생각이나 감정, 주장이나 견해가 섞이면 설명문이 아니다. 설명하는 방법에는 설명의 대상에 따라 지정(指定)의 방법, 정의(定意)의 방법, 예시의 방법, 비교·대조의 방법, 분류의 방법, 분석(分析)의 방법 등을 적용한다. 서술형 시험은 객관적인 사실에 대하여 설명하는 글이다. 설명할 때 가장 기초가 되는 방법은 지정의 방법, 정의의 방법, 분석의 방법이다.

지정의 방법은 '무엇에는 무엇이 있다'라는 설명 방식이다. 마치 손가락으로 가리키듯 설명한다고 해서 지정의 방식이라고 한다. 예를 들어 '이순신에 대하여 아는 바를 쓰세요'라는 문제에 대한 서술형 답안으로는 이순신이 살던 시대와 업적 등을 쓰면 된다. 지정은 물음에 대한 확인 절차라는 점에서 '확인의 방법'이라고도 한다.

정의의 방법은 '무엇은 무엇이다'로 정의를 내리는 설명 방법이다. 예를 들어 비행기란 무엇인가라는 질문에 '비행기란 돈 많은 사람이 타는 것이다'라고 한다면 그 정의는 객관성을 잃었기 때문에 좋은 설명문이 될 수 없다. 승무원이 되어 탈 수 있고, 급한 일로 돈을 빌려서 탈 수도 있기 때문에 돈 많은 사람이 탄다는 정의는 사실도 아니고 진리도 아니다. 그러나 '비행기란 하늘을 나는 탈 것'이라고 정의한다면 옳은 설명문이 된다. 정의의 방법은 국어사전, 백과사전 등의 사전적 정의가 그 예다.

분석의 방법은 하나의 개체를 나누어서 설명하는 방식이다. 예를 들어 곤충의 구조를 설명할 때 '곤충은 머리, 가슴, 다리로 나누어져 있다'고 한 개체를 속성별로 나누어 설명하는 방식이다. 집의 구조를 설명할 때 바닥, 벽, 창문, 천장으로 나누어 설명하는 것도 분석의 방법이다. 이런 설명 방식은 교과서와 참고서에 가장 많이 나온다.

설명하는 글을 쓸 때에 주의할 점은 다음과 같다. 하나는 대상에 맞는 설명 방법을 선택하는 것이다. 그렇지 않으면 옳은 설명문이 되지 못한다. 또 하나는 설명문을 쓸 때에는 자신의 생각이나 의견, 느낌을 넣지 않는 것이다. 주장이나 견해가 들어가면 논술문이 되고 느낌이나 감상이 들어가면 문학적인 글이 된다. 설명의 방법 중 분류의 방법, 비교와 대조의 방법, 예시의 방법은 별도로 기술한다.

설명의 주요 방법들

1 지정의 방법: 물음에 답하는 설명 방식이다.

예) 이순신은 조선의 장군이다.

2 정의의 방법: 보편타당한 진리로 설명한다.

예) 인간은 동물 중에서 지능이 가장 높은 동물이다.

3 분석의 방법: 하나의 대상을 구성 요소나 부분으로 나누어 설명한다.

예) 공기는 산소와 수소로 이루어져 있다.

4 예시의 방법: 어려운 것을 설명할 때 예를 들어 설명한다.

예) 예를 들면 맷돌, 물레방아, 디딜방아 같은 것들이다.

5 구분의 방법: 어떤 기준이나 원칙에 따라 큰 항목을 잘게 구분하여 설명한다.

예) 사람은 피부 색깔에 따라 황인, 흑인, 백인으로 구분한다.

6 분류의 방법: 어떤 기준이나 원칙에 따라 각각의 것을 큰 항목으로 묶어서 설명한다.

예) 소나무, 전나무, 사철나무는 상록수에 속한다.

7 대조의 벙법: 서로 다른 성질을 대조시켜 설명한다.

예) 중국의 담은 높고 두껍고, 일본의 담은 낮고 안이 보인다.

8 비교의 방법: 비슷한 성질을 비교시켜 설명한다.

예) 토끼와 코끼리는 둘 다 초식동물이다.

논리와 논증이 참과 진실을 증명한다

(a) 세상에 좋은 거짓말은 없다. 자라가 용왕에 대한 충성심에서 한 거짓말이 토끼의 생명을 위협했고, 토끼가 살기 위해 한 거짓말이 용왕의 건강을 해치게 되었다. 이렇게 거짓말은 다른 사람에게 피해를 입힐 경우가 더 많다. 그러므로 어떤 경우에도 거짓말은 나쁜 결과를 초래한다. 세상에 선의의 거짓말은 없다.

(b) 토끼전에 나오는 토끼와 자라의 거짓말에는 차이가 있다. 자라는 임금님에 대한 충성심과 그로 인해 자기가 갖는 권력을 생각하며 거짓말한 것이다. 그러나 토끼는 자신이 살기 위해서 거짓말을 한 것이다. 즉 정당방위다. 그래서 자라의 거짓말은 나쁘지만 토끼의 거짓말은 나쁘지 않다.

위의 두 글은 중학교 2학년 학생들이 《토끼전》을 읽고 '거짓말은 정당화될 수 있는가'란 명제에 대하여 쓴 논술문이다. 이와 같이 독자에게 자신의 주장을 증명해 보이는 글을 논술문이라고 한다. 이와 비슷한 글에 논설문이 있다. 두 글은 어떤 주제에 대하여 자기의 생각이나 주장을 논리적으로 썼다는 점에서는 동일하나 누가 썼는지에 따라 편의상 구분하고 있다. 1985년 대학 논술 고사가 시작되고부터 학생들이 어떤 과제에 대하여 생각이나 주장을 밝혀 쓴 글을 신문사나 전문가들의 논설과 구분하기 위하여 편의상 논술문이라는 명칭을 사용하고 있다.

논술문은 자기 생각이나 주장이 왜 옳은가를 논리적으로 증명해 보이는 글이다. 그래서 논술문을 쓸 때의 핵심 요소는 '가치 있는 생각이 있느냐'와 '증명할 수 있는 논거가 있느냐'가 중요하다. 그래서 가치 있는 자기 생각이 들어 있지 않은 글은 논술이 아니고, 증명하지 못하는 생각이나 주장은 참과 진실이 아니므로 논술의 자격이 없다고 말할 수 있다.

논술문을 쓸 때 가장 먼저 당면하게 되는 과제는 '해결해야 할 명제(命題)'다. 논술 고사를 볼 때에는 명제가 주어지지만 자유롭게 쓰는 논술문에서는 스스로 명제를 정해야 한다. 명제에는 두 가지가 있다. 사실인지 아닌지를 확인하는 '사실 명제'와 참인지 거짓인지를 증명하는 '정책 명제'다. 예를 들어 '황우석은 논문을 조작했는가?'는 사실 명제다. 조작한 사실이 있는지 없는지를 조사하여 밝힌 결과를 쓰면 된다. 그러나 '인간 복제는 정당한가?'라는 명제는 정책 명제다. 이것은 사실보다는 윤리와 철학의 문제로 해결하는 답을 요구하기 때문이다. 논증의 방법에서 가장 중요한 것은 '문제를 어떤 방법으로 증명해 보일 것인가'다. 논증의 방법에는 연역 논증, 귀납 논증이 있다.

연역 논증이란 일반적인 원리, 원칙, 진리를 구체적인 어떤 사실들을 들어 증명하는 방법이다. 세상에는 누구나 의심하지 않고 믿는 원리, 원칙, 진리가 있다. 예를 들어 '영철이는 먹어야 산다'는 것을 주장하려면 '사람은 먹어야 산다'와 같은 누구나 의심하지 않는 대전제를 제시하고 '영철이가 사람'이라는 것을 소전제로 내세운다면 영철이가 먹어야 사는 것이 증명된다. 이러한 방식을 연역 논증이라고 한다. 연역 논증에서 주의할 것은 '대전제가 얼마나 튼튼한가'다, 만약 대전제가 '남자는 먹어야 산다'와 같이 허약하다면 '그럼 여자는 안 먹어도 되느냐?'와 같은 반론에 금방 무너진다. 약한 전제를 내세우면 그 뒤에 아무리 튼튼한 논증을 쌓아 올려도 모래성처럼 허물어지고 만다.

귀납 논증이란 구체적인 근거를 모아 일반적인 원리나 진실을 이끌어 내는 논증 방식이다. 흡사 여러 개의 구슬을 꿰어 목걸이를 만드는 방식과도 같다. 예를 들어 '새는 날개가 있다'는 것을 증명하기 위하여 '참새도 날개가 있고, 까치도 날개가 있고, 비둘기도 날개가 있다. 이들은 모두 새에 속한다. 그러므로 모든 새는 날개가 있다'로 논리를 전개하는 방식이다. 여론 조사 기관에서 발표하는 각종 통계, 연구소들의 조사 연구들은 구체적인 사례들로부터 일반적인 원리나 진실을 이끌어 내는 귀납적 방식이 기초가 된다. 이런 연구는 사실과 논리성 중에 사실에 더 큰 비중을 두는 연구 방법이다.

예를 들어 '우리나라 초등학생들은 한 달에 용돈을 5,000원씩 쓴다'라는 논술형 문단을 귀납법으로 만들기 위해서는 초등학생 1만 명의 월 용돈을 조사하여 통계를 낸 결과가 5,000원이었다는 것을 증명하면 된다.

귀납적 논술문을 쓸 때 주의해야 할 것은 사용하는 근거들이 대표적이고 전형적이어야 한다는 점이다. 조사에 응하는 초등학생이 전국 시, 군, 읍, 면에서 골고루 선발되어야만 대표성이 있다. 그런데 서울 강남구 초등학생만 조사했다면 대표성이 없어서 객관성과 타당성을 잃게 된다.

묘사는 밍밍한 글에 생기를 불어넣는다

(a) 나는 슬프다

(b) 나는 웃고 있어도 눈물이 난다.

예문 (a), (b)는 둘 다 슬프다는 것을 전달한다. 예문 (a)는 자신이 슬프다는 사실을 선날하고 있다. 문장을 살펴보아도 잘못된 곳 없이 아주 정확한 문장이다. 그러나 읽는 독자에게는 슬픔이 느껴지지 않는다. 문장이 기계적이고 영혼 없는 얼굴처럼 느껴져 읽는 이의 가슴에 아무런 파장을 일으키지 않는다. 이런 문장을 읽을 때 글쓴이와 읽는 이는 덤덤한 남남이 된다.

예문 (b)는 자신의 슬픔을 생생하게 묘사한다. 그래서 읽는 독자가 글쓴이의 슬픔을 즉각적으로 느낄 수 있다.

"얼마나 슬프면 웃고 있는 데도 눈물이 날까?"

독자는 그렇게 글쓴이와 감정과 정서를 주고받는 사이가 된다. 이처럼 묘사는 어떤 상태나 상황을 보다 생생하게 전할 수 있는 글쓰기 방법이다. 묘사의 방법에는 크게 두 가지가 있다. 대상을 사실대로 그리는 객관적 묘사가 있고, 대상에 대한 주관적인 인상이나 느낌을 중심으로 그려 내는 인상적 묘사가 있다.

(c) 붉은피톨의 세포나 우리들에게 병을 일으키는 균세포들은 구슬처럼 동그랗거나 타원형이다. 그리고 식물의 표피나 동물의 피부를 이루는 세포는 대개 납작하고 평평한 모양이다.

(d) 샘물은 더욱 맑은 소리로 노래하고, 늪에는 작은 불꽃들이 깜박인다. 산의 모든 정령들이 자유로이 내왕한다. 마치 나뭇가지가 자라는 소리, 풀이 돋아나는 소리가 들리듯 공기 속에서 가볍게 스치는 소리가 들린다. 낮에는 생물의 생활이 있다. 밤에는 물체의 생활이 있다.

예문 (c)는 중학교 생물 교과서의 일부다. 예문 (d)는 알퐁스 도데의 소설 《별》의 일부다. (c), (d) 모두 묘사의 방법을 사용했다. 그러나 (c)는 있는 그대로의 모습을 묘사할 뿐 글쓴이의 생각이나 해석은 들어 있지 않다. (d)는 자연 현상을 있는 대로 묘사하기보다는 작가의 시선과 감성에 의해 해석된 묘사다. 예문 (c)와 같은 묘사를 객관적 묘사 혹은 과학적 묘사라 하고, (d)와 같은 묘사를 주관적 묘사나 문학적 묘사 혹은 인상적 묘사라고 한다.

객관적 묘사는 독자에게 지식을 가르쳐 줄 때, 과학적 사실을 설명하거나 증명할 때 사용한다. 이런 문장은 과학 교과서, 《파브르 곤충기》, 《세포의 세계》, 《바다는 왜 파랄까?》, 《잎은 왜 초록빛일까?》 등에 나온다. 객관적 묘사를 잘 쓰려면 단어 선택이 중요하다. 객관적 묘사에 쓰이는 단어는 사전적 의미로만 사용되어야 한다.

주관적 묘사는 독자에게 지식을 전달하는 것이 아니라 자신의 느낌, 생각, 감정을 전달하는 글에 사용된다. 주로 시, 소설, 수필 등 문학 작품의 주요 표현 수단이 되는 주관적 묘사는 사전적 의미보다는 개성적인 의미가 더 중요하다. 예를 들어 달(月)은 객관적 묘사에서는 지름이 1738km이며 흙과 돌로 이루어진 지구의 위성이다. 그러나 주관적 묘사에서는 '그대는 달'이라고 표현할 수 있다. '달은 그리움이고 사랑'일 수도 있다. 자기가 받은 인상대로 쓰되 많은 사람들이 공감할 수 있어야 좋은 묘사가 된다. 아무도 공감하지 않으면 좋은 묘사가 아니다.

주관적 묘사를 위해서는 비유와 상징이 중요한 역할을 한다. 비유는 흔히 '무엇처럼', '무엇같이'의 형식으로 쓰는 묘사다. 예를 들어 예쁜 소녀를 말할 때 '달래 마늘같이 조그마한 숙이'라고 말한다면 비유의 방법을 사용한 것이다. 상징은 '무엇은 무엇이다'라는 형식으로 묘사하는 방법이다. 예를 들어 다음 세 문장은 동일한 순이의 얼굴을 보고 각각 다른 상징물로 표현했다.

(e) 순이는 보름달이다.

(f) 순이는 달래 마늘이다.

(g) 순이는 빵떡이다.

예문 (e)를 읽는 독자는 얼굴이 환하고 마음씨가 푸근한 순이를 상상하게 된다. 예문 (f)를 읽는 독자는 순이의 귀여운 얼굴과 동그란 두상을 떠올린다. 예문 (g)를 읽는 독자는 별로 예쁘지 않고 심통 사나운 순이를 떠올린다. 이처럼 순이를 어떤 객관적 상관물로 상징시켰느냐에 따라 순이에 대한 글쓴이의 시각과 감정까지 전달하게 된다.

비유와 상징은 읽기 쉽고, 읽고 싶은 글을 만들어서 독자의 기억에 강한 자국을 남긴다. 누군가가 '너는 예쁘다'고 말했을 때보다 '너는 아침 정원에 핀 튤립 같아'라고 말한다면 우리는 그 말을 평생 잊지 못할 것이다. 비유와 상징의 이런 각인 효과를 가리켜 '이차원적 상황을 사차원 영상으로 만들어 주는 장치'라고 말할 수 있다.

서사 능력을 기르면 이야기꾼이 된다

이야기를 재미있고 능숙하게 진행시키는 사람의 말은 시원스럽다. 반대로 간단한 일화조차 제대로 전하지 못하는 사람의 말은 답답하다. 두 사람의 차이는 서사 능력의 차이에서 생긴다. 서사란 사물의 움직임, 변화, 사건, 진행 등을 이야기하는 방식이다. 우리는 실제로 어떤 이야기를 할 때 서사와 묘사를 적당히 섞곤 한다. 서사는 주로 이야기를 전개하는 역할을, 묘사는 주로 이야기에 모양, 소리, 분위기, 감정을 싣는 작업을 한다.

(a) 학교 운동장에서 점검을 마치고 새파란 독일군의 호령에 따라 죽음의 행렬은 가스실로 향했다. 내 앞에서 걷던 노인이 쓰러졌다. 채찍이 노인

의 등허리에 떨어졌다. 노인은 일어나 절룩거리며 걸었다. 다시 한 번 채찍이 노인의 허리를 휘감았다.

(b) 그는 방아쇠를 당겼다. 매캐한 냄새가 풍기며 상대방이 거꾸러졌다. 그는 뛰었다. 건너편 미루나무 밑까지 뛰었다. 모자가 벗겨졌다. 바지가 찢어졌다. 그러나 그는 계속 뛰었다. 아군의 초소가 보일 때까지 쉬지 않고 뛰었다.

위의 예문 (a)와 (b)는 모두 서사의 방법으로 쓴 글이다. 그러나 (a)는 가스실로 끌려가는 유태인의 행렬을 객관적으로 진행시킨 서사문이다. 객관적 서사문인 (a)는 사건의 진행을 독자에게 정확하게 전달하는 데 초점이 맞추어져 있을 뿐 저자의 감정은 배제된 서사 문장이다. 그러나 예문 (b)는 전투가 벌어지는 전쟁터에서 총을 쏘고 달리는 군인의 심정을 전달함으로써 독자에게 호소하는 서사 문장이다. 즉 문장 (b)는 사건의 전달보다 독자의 감정에 호소하는 데 초점이 맞추어져 있다. 독자는 군인의 주관적인 생각과 마음과 행동을 생생하게 전달받는다. (a)가 객관적 서사라면 (b)는 주관적 서사라고 할 수 있다. 서사의 방법에는 몇 가지 기본 원칙이 있다. 어떤 원칙에 따라 쓰느냐에 따라 글의 종류가 결정된다.

첫째, 서사 문단은 처음부터 끝까지 통일성이 살아 있어야 한다. 통일성이 깨지면 서사 구조가 허물어지고 긴박감은 깨진다. 이때 독자의 신뢰는 사라진다. 서사의 통일성이란 내용의 통일을 전제로 하고 어휘 선택, 어조, 문체 등의 통일성까지를 의미한다.

둘째, 서사 문단의 구성은 일정한 시간 순서에 따르는 것이 좋다. 예를 들어 전래동화처럼 먼 시간부터 차례로 진행시키는 구성이 있다. 아득한 옛날에 태어나고 자라서 죽기까지의 이야기가 시간 순서대로 진행된다. 반면 〈수사반장〉과 같은 수사물이나 추리물에서는 사건이 일어난 시각이 먼저 나오고, 사건의 발단이 나오고, 해결의 시간이 나온다. 이 구성은 과거-대과거-현재의 순서다. 현대 소설은 현재-과거-대과거로 들어가는 구성도 자주 눈에 띈다.

셋째, 서사 문단은 이야기를 전개하는 화자(話者)가 누군가에 따라 일인칭, 삼인칭, 전지적 시점, 작가 시점으로 구분한다. 화자가 '나'로 지칭되는 일인칭은 주인공의 눈이 되어 이야기를 전개하는지, 관찰자의 눈이 되어 전개하는지에 따라 일인칭 주인공 시점과 일인칭 관찰자 시점으로 나뉜다. 일기나 편지는 일인칭을 사용한다. '그', '그녀'와 같은 삼인칭 대명사나 '순이', '철수'와 같은 이름으로 지칭되는 주인공을 전지전능한 신과 같은 입장에 있는 작가가 전개하면 삼인칭 작가 시점이라고 한다. 작가의 눈이지만 제한된 외부만을 진행하는 것을 삼인칭 관찰자 시점이라고 한다.

넷째, 인물의 말씨, 옷, 피부색 등은 이야기의 줄거리를 간접적으로 돕는다.

다섯째, 배경은 이야기의 줄거리에 신빙성을 더한다.

예를 들어 설명하면 이해가 빨라진다

"여러분, 공산주의 종주국이 어디지요?"

"러시아요!"

아이들의 대답 소리에 교실이 떠나갈 것 같다.

"그러면 왜 러시아가 공산주의 종주국이 되었을까요? 미국이나 프랑스는 어째서 공산주의 종주국이 되지 않았을까요?"

조용하다. 손 드는 아이가 없다.

"자, 이번 시간에는 러시아가 왜 공산주의 종주국이 되었는지 서술형 답안으로 작성해 보세요. 30분 안에 써 보세요."

'독서와 글쓰기의 영향 관계에 대한 연구' 중 강남 D중학교 2학년 교실을 찾았다. 아이들 마흔 명 중 대다수가 그런 거 안 배웠다며 발을 구르고 소리를 질렀다. 열 명 정도는 고개를 갸웃거리며 무언가 적기 시작했다. 30분 후 결과를 모아 보니 거의 백지를 낸 아이들이 스무 명, '레닌이 러시아 사람이기 때문', '레닌이 공산주의자이기 때문', '러시아에 공산주의자가 많아서'와 같은 의미 없는 문장들을 몇 개 써 놓은 아이들이 열 명, 쓰긴 썼지만 공산주의에 대한 지식을 써 놓은 아이들이 일곱 명, 제대로 된 서술형 답안을 쓴 아이들은 세 명뿐이었다. 세 명 중에 한 아이는 매우 훌륭한 답안을 작성했다.

D중학교 2학년 교실에서 만난 그 아이는 톨스토이 《인생독본》에 나오는 '돌 깨는 사람들'의 이야기를 예로 들면서 제정 러시아의 불평등 결과로 나타난 것이 공산주의라는 설명을 전개했다. 제정 러시아 시절 귀족의 자제들은 은빛도 찬란한 니켈 자전거를 타고 하이킹을 다녔다. 그런데 그 저전거의 값은 돌을 깨는 농노들의 3년치 월급과 맞먹었다. 농노들이 먹지도 입지도 않고 3년을 일해야 니켈 자전거를 사실 수 있었다는 이야기다. 아이는, 어느 날 산책길에서 이 사실을 알게 된 톨스토이가 충격을 받아 재산을 농노들에게 분배한 뒤 방랑의 길을 떠나게 되었다는 이야기를 예로 들어 제정 러시아에서 공산주의가 시작된 원인을 분석했다.

이와 같이 어려운 것을 설명할 때 예를 들어 설명하면 훨씬 쉽고 효과적이다. 적당한 예화를 찾는다는 것은 실력 있는 지원군을 얻는 것과 같다. 그 예화의 도움으로 어려운 것을 쉽게 설명할 수 있기 때문이다. 예시는 일반적인 것을 특별한 예로, 추상적인 것을 구체적인 예로, 어려운 것을 쉬운 예로 들어야 한다. 그러기 위해서는 실제로 있었던 일, 본보기, 통계치, 유명한 이야기 등을 예로 드는 게 좋다. 예시의 장점은 어떠한 개념을 우리 머릿속에 명확하게 떠오르게 한다는 점이다.

일반적으로 적당하고 알맞은 예를 능숙하게 사용하는 사람들은 독서를 많이 한 사람들이다. 신문이나 잡지, 역사책, 위인전, 문학책을 읽을 때 두뇌 속에 입력된 각종 사건이나 내용은 글을 쓸 때 사용할 수 있는 예화가 된다.

예를 드는 방법

1 누구나 아는 일반적인 예가 좋다. 특수한 것을 들면 더욱 어려워진다.

2 속담처럼 전통적인 예가 좋다. 속담, 격언, 전래동화는 누구나 다 안다.

3 눈에 보이고 손으로 만질 수 있는 것처럼 구체적인 예가 좋다.

4 통계, 본보기, 누구나 다 아는 이야기, 문학 작품을 예로 들면 좋다.

분류와 구분은 기억하기 좋은 글을 만든다

아버지: 여보, 나 바람 쐬러 가요. 무어 부탁할 것 없소?

어머니: 그럼 우유랑 고등어랑 포도를 좀 사다 주세요. 그리고 배, 버터, 멸치, 치즈, 감도 사다 주세요.

아버지: 알았소.

그런데 한 시간 후에 돌아온 아버지는 손에 우유, 고등어, 감만 들고 왔다.

"아버지는 왜 이 세 가지만 사 왔을까?"

이 글을 읽은 아이들에게 질문하면 네 가지 대답이 나온다. '아버지가 메모를 하지 않았기 때문', '아버지의 기억력이 나쁘기 때문', '돈이 모자라서'가 90%를 차지하고 '어머니가 말하는 방법이 잘못

되었기 때문'이라는 답변이 10% 정도 나온다. 물론 아버지가 메모했거나, 기억력이 더 좋거나, 돈이 더 많았다면 더 많은 것을 사 올 수 있었을 것이다. 그러나 같은 조건에서 어머니가 체계적으로 말했다면 더 많은 것을 사 올 수도 있다.

첫째, 어머니가 그 많은 물건을 분류하거나 구분하여 말해 주었다면 아버지는 보다 많은 것을 기억했을 것이다. 예를 들어 유제품으로는 ○○○○, 과일가게에서는 ○○○○, 생선가게에서는 ○○○○라고 했다면 아버지가 훨씬 많은 것을 사 올 수 있었을 것이다. 분류란 이와 같이 조직적으로 사고하는 것을 도와준다. 분류하기는 말하기뿐만 아니라 글쓰기에서도 통한다.

> 책 소유자는 세 부류로 나뉜다. 첫째는 전집류와 베스트셀러를 사다가 꽂아 놓고 손도 대지 않는 사람들이다. 이들은 종이와 잉크만 소유한 것이다. 둘째는 상당히 많은 책을 가지고 있으나 통독한 책은 몇 권 되지 않고 읽지 않은 책이 더 많은 사람들로 그저 책을 좋아할 뿐이다. 셋째는 많은 책을 소유하고 그 책들이 너덜너덜하도록 읽은 사람들이다. 이들이 정말 책을 소유하는 사람들이다.

책 소유자를 세 가지로 분류한 문단이다. 독자가 글을 읽을 때에는 개념 구분을 보여 주는 단락을 찾는다. 그 단락을 찾으면 전체 개념이 머릿속에 구조화된다. 글을 쓸 때 위와 같이 개념을 나누어 제시하면 기억하기 좋은 글이 된다. 분류와 구분을 통해 목록을 만들면 그것이 어떤 종류든 간에 산더미 같은 재료와 그 재료에 대한 개념의 산더미를 독자가 감당해 낼 수 있도록 도와준다.

분류나 구분은 아무렇게나 하는 것이 아니다. 어떤 기준이나 원칙을 가지고 해야 한다. 만약 하나의 글 속에서 기준이나 원칙이 달라진다면 그 구분과 분류는 오히려 설명을 방해하게 된다. 글쓴이가 무엇을 어떻게 목록화하고 분류하는가에 따라 독자가 이해하기 쉬운 문단이 되기도, 어려운 문단이 되기도 한다.

분류 · 구분하여 설명하는 방법

1 같은 종류끼리 그룹 지어 설명하기.

2 분위기, 모양, 성격 등으로 나누어 설명하기.

3 공통점과 차이점으로 나누어 설명하기.

4 시간 순서대로 설명하기.

5 공간 순서대로 설명하기.

6 긍정적인 것과 부정적인 것으로 나누어 설명하기.

7 개별적인 것과 집단적인 것으로 나누어 설명하기.

잘된 인용은 독자를 춤추게 한다

'막대 두 개를 세게 비비면 어떻게 될까?' 어떤 원시인이 이렇게 가정했다. 그는 인류에 불을 선사했다. '만약 배를 저어 계속 동쪽으로 가면 어디가 나올까?' 16세기 스페인에서 한 젊은이가 이렇게 가정했다. 그는 아메리카 신대륙을 발견한 크리스토퍼 콜럼버스다. '빛을 방출하여 계속 유지한다면 어떻게 될까?' 독일의 16세 학생이 이렇게 가정했다. 그 소년은 10년 후 상대성원리를 발견하여 인류 최고의 과학자가 되었다. 그가 바로 아인슈타인이다. '누구든지 쉽게 읽고 쓸 수 있는 문자가 없을까?' 세종대왕의 이런 가정 덕분에 우리는 지금 편리하게 한글을 사용하고 있다.

위 예문은 《공부머리를 완성하는 초등독서법》에서 내가 쓴 인용 문단이다. 나는 '만약에'라는 가정법의 꿈을 꾸던 사람들이 각종 문명의 이기를 인류에게 선사했다는 사실을 독자에게 가장 짧은 시간 안에 가장 강력하게 전달하고 싶었다. 그래서 인용의 방법을 사용했다. 내가 인용이라는 방법을 사용하지 않고 '만약에'라는 상상력의 작용이 우리에게 주는 이점을 설명하려 했다면 아마도 3~4쪽 분량의 원고가 필요했을 것이다. 이처럼 인용은 읽기 쉽고, 기억하기 쉬운 글을 만들어서 독자의 이해를 돕고 독자의 시간을 절약해준다.

좋은 인용은 다음 세 가지 조건을 가지고 있다. 첫째, 독자가 아는 예를 사용해야 한다. 독자와 저자가 함께 알고 있는 것을 인용하면 독자와 저자는 갑자기 가까워진다. 마치 같은 고향 사람을 만난 것처럼. 이런 분위기 속에서 독자는 쉽고 기분 좋게 글을 읽을 수 있다.

둘째, 속담처럼 전통적인 것을 인용하는 것이 좋다. 글이 발표되면 누가 읽을지 알 수 없다. 같은 도시에 사는 사람이나 같은 시대를 사는 사람일 경우도 있지만 시대와 국가를 달리할 수도 있다. 그러므로 폭넓은 독자를 확보하기 위해서는 속담, 격언, 역사적 일화, 전래동화 같은 오래된 것을 인용하는 것이 유리하다.

셋째, 적절한 통계 수치는 글의 신뢰도를 높인다.

(a) 한국 사람들은 책을 읽지 않는다. 젊은 사람이 나이 든 사람보다 더

읽지 않는다. 젊은 사람들은 책 읽을 시간에 게임을 하거나 TV 시청에 시간을 보낸다. 그래서 서점들이 문을 닫고 저자들은 가난하게 산다.

(b) 한국출판연구소의 2019년판 보고서에 의하면 한국인의 53%는 연간 책을 한 권도 사지 않는다. 책을 산 사람 중에서도 연간 책을 세 권 이상 읽는 사람은 불과 30%에 불과하다. 그래서 전국의 동네 서점 90%가 문을 닫았고 온라인 서점과 대형 서점의 매출도 작년 대비 30%가 하락했다.

예문 (a)와 (b)는 한국인의 독서 실태를 알리는 글이다. (a)는 사실만을 나열했고, (b)는 통계 수치를 인용했다. 두 글의 효과는 차이가 있다. 독자가 예문 (a)를 읽을 때는 그렇구나 하는 정도였다면, (b)를 읽을 때는 글의 내용이 빠르게 이해되고 신뢰할 수 있다는 믿음과 함께 머릿속으로 들어간다. 통계 수치 덕분이다. 이렇게 통계치는 글에 신뢰도를 높이고 기억하기 좋은 글을 만든다.

글을 쓸 때 통계 수치를 잘 인용하는 사람이 되기 위해서는 평소에 통계 수치를 눈여겨보는 습관이 필요하다. 통계 수치는 신문과 잡지, 텔레비전 뉴스에 자주 등장하고 통계청의 연말 보고서, 연구소의 보고서, 대학의 논문 등에 등장한다.

기억하기 좋은 문장에는 대구가 들어 있다

(a) 낮말은 새가 듣고, 밤 말은 쥐가 듣는다.

(b) 가는 말이 고와야, 오는 말이 곱다.

(c) 콩 심은 데 콩 나고, 팥 심은 데 팥 난다.

(d) 향 싼 종이에선 향내 나고, 생선 싼 종이에서 비린내 난다.

위 문장들은 각각 비슷한 짜임과 가락을 가진 두 개의 어구로 이루어졌다. 내용을 보면 앞 어구와 뒤 어구의 내용이 반대되거나 비슷한 내용이다. 이런 대구(對句) 문장은 예부터 내려오는 속담이나 격언에 많이 쓰이고, 우리나라 시조에도 많이 쓰였다.

이런 문장은 첫째, 읽는 사람에게 매우 정확한 이미지를 전달할 수 있다. '낮말은 새가 듣고, 밤 말은 쥐가 듣는다'는 대조적 의미를 나란히 씀으로써 문장의 의미가 읽는 이에게 매우 선명하게 다가온다. '콩 심은 데 콩 나고, 팥 심은 데 팥 난다'는 비슷한 의미를 중복 사용하여 문장의 의미가 더욱 강조되었다. 이렇게 선명한 문장은 전달력이 강화되어 독자에게 쉽게 다가온다.

둘째, 대구 문장에는 3.4조의 리듬이 흐른다. 그래서 노래처럼 술술 읽히고 두뇌 속에 저장된다. 이런 리듬 있는 대구 문장은 잊히지 않고 쉽게 장기 기억 속에 저장된다. 문자가 없던 시절부터 구전으로 내려오는 속담이나 격언이 대구 문장의 형태를 띠고 있는 것을 보면 그 각인성이 증명된다.

셋째, 대구 문장은 함축성을 띤다. 우리나라 정형 시조에 대구 문장이 많은 것은 3장 6구라는 짧은 형식 속에 많은 의미를 담기 위해서였다. 조선의 선비들은 3장 6구의 짧은 시 속에 우주적인 의미를 담아냈다. 조선 후기로 오면서 3장에서 마지막 장이 길어진 사설시조에는 대구 문장이 사라진다.

넷째, 대구 문장은 설득력이 강하고 선동적이다. '사람 위에 사람 없고, 사람 밑에 사람 없다'는 슬로건이 초기 인권 문제를 제기한 사람들의 슬로건으로 채택된 이유도 선동성 때문이다. 대구법의 강력한 힘은 그 생동감으로 인하여 시공이 확산되는 느낌을 선사한다. 대구 문장을 익히면 짧은 글 속에 강력한 힘을 담을 수 있다.

비교나 대조로 설명하면 의미가 확실해진다

(a) 중국의 담은 집보다 높고 두터워서 집 안의 소리가 밖으로 들리지 않는다. 반면에 일본의 담은 낮고 속이 환히 들여다보인다. 담의 모양에서 두 나라의 국민성이 엿보인다.

(b) 일본의 집과 한국의 집은 각각 사다리꼴 지붕을 가지고 있다. 그런데 일본의 집은 경사가 가파르고 한국의 집은 경사가 완만하다. 비가 많이 오는 일본에서는 빗물이 빨리 흘러내려야 하기 때문에 지붕의 경사가 한국보다 가파르게 되었다.

어떤 것을 설명하는 방법 중에 가장 손쉬운 방법이 비교하거나 대조하여 설명하는 방법이다. 비슷한 속성을 가진 것들은 비교하여 보여 주고, 서로 다른 속성을 가진 것들은 대조의 방법을 사용한다.

예문 (a)는 두 나라의 국민성을 설명하기 위하여 중국의 폐쇄적인 담과 일본의 개방적인 담의 모습을 대조시켜 설명하고 있다. 예문 (b)는 한국과 일본의 지붕 모양을 가파르기의 차이를 통하여 비교의 방법으로 설명하고 있다. 이와 같이 하나만 가지고 설명하기가 복잡한 내용도 비교나 대조의 방법으로 설명하면 특성이 잘 드러나 설명하기 쉽고 읽기 좋은 글이 된다.

비교나 대조의 방법은 독자에게 사물의 모양, 성격, 특징 등을 눈에 보여 주듯이 설명하거나 구체적으로 설명할 수 있는 방법이다. 그러나 비교나 대조되는 사물을 읽는 사람이 모르거나 본 적이 없을 때는 더욱 어려운 글이 된다. 예를 들면 바나나를 본 적이 없는 사람에게 초생달을 설명하면서 바나나같이 생겼다고 하는 것은 전혀 도움이 되지 않는다. 그래서 비교나 대조의 방법으로 글을 쓸 때에는 대상 독자의 나이, 지식, 경험, 환경, 문화 등을 고려해야 한다.

세상에 존재하는 사물 중에는 밤과 호두처럼 서로 비슷한 속성을 가진 것이 있고, 바다와 육지처럼 서로 다른 속성을 가진 것이 있다. 우리가 이런 것들을 설명할 때 비슷한 것과 반대되는 것을 들어 설명하면 알기 쉬운 설명이 된다. 대부분의 비교와 대조는 그것들이 다루는 개념을 같은 항목끼리 묶어서 제시하게 된다. 가령 작은 마을에서의 삶과 대도시에서의 삶, 집단 스포츠인 축구와 농구

등이다. 비교는 크기나 분위기, 편리함 등에서의 유사점이나 차이점을 지적하여 진행할 수도 있다.

비교와 대조가 어떻게 조직되는가를 아는 것은 독자가 글을 읽을 때에도 도움이 된다. 거기에는 다음과 같은 두 가지 조직화 방식이 있다. 연속과 불연속이다. 연속적인 비교와 대조는 비교 대조되는 항목들을 연속적으로 나열하여 보여 주는 방식이다. 예를 들어 A에 비교, 대조되는 항목을 한 문단 안에 모두 나열하는 방식으로 다양한 양상들에 대한 정보를 제공할 수 있다.

불연속적인 비교와 대조는 한 문단 안에서는 하나의 항목만을 다룬다. 그다음 것으로 넘어가기 이전에 첫 번째 것에 대한 정보를 모두 제공하는 방식이다. 연속적인 비교와 대조가 다양함을 추구한다면, 불연속적인 비교와 대조는 심층성을 추구한다.

대화체를 섞으면 부드러운 글이 된다

사람은 저마다 독특한 얼굴을 가지고 있다. 차분하고 품위 있는 얼굴의 소유자도 있고, 흉하고 험상궂은 얼굴을 가진 이도 있다. 우리는 누구도 자신의 얼굴을 선택할 자유가 없다. 태어날 때 부모님한테서 받은 것이므로 책임도 없다. 그러나 그렇게 생각하지 않는 사람이 있다.

'사람 나이 40부터는 자기 얼굴에 책임을 져야 한다.'

링컨은 이렇게 말했다.

위 글은 의미만 따진다면 글 속에 대화체 문장이 없어도 상관없다. 그런데 링컨의 말 한마디가 들어가 글 전체에 부드러운 느낌이 감돈다.

(a) 할머니가 나에게 부자가 꼭 되고 싶으냐고 물었다. 나는 물론이라고 대답하면서 주머니 속에 넣어 둔 소원 목록을 꺼냈더니 할머니가 읽어 보라고 한다. 나는 열 가지 소원이라고 이름 붙인 목록을 읽었다. 그랬더니 할머니는 그중에 어떤 것이 가장 중요하냐고 묻는다. 그래서 나는 열 가지 다 중요하다고 대답했다. 할머니는 다시 한 번 보고 세 가지만 동그라미를 치라고 한다. 세 가지를 고르는 것은 매우 어려웠다.

(b) "키라야, 부자가 꼭 되고 싶은 이유를 생각해 봤니?"

할머니가 물었다.

"물론이죠."

나는 주머니 속에서 '열 가지 목표'라고 이름 붙인 소원 목록을 꺼내어 할머니에게 읽어 드렸다.

"그중에서 어느 것이 가장 중요하니?"

"열 가지 모두 중요해요."

"다시 한 번 보고 세 가지만 동그라미를 쳐 봐."

중요한 것 세 가지를 고른다는 것은 쉽지 않았다.

만약에 보도 섀퍼가 《열두 살에 부자가 된 키라》를 쓸 때 예문 (a)처럼 대화 없이 썼다면 아마도 베스트셀러는 되지 못했을 것이다. 사람들은 설명체 문장보다 대화체 문장을 좋아한다. 대화 없이 줄글만 있는 책은 딱딱할 것이라고 생각한다. 반면에 대화가 많으면 쉬운 책이라고 생각한다.

왜 그럴까? 대화체는 우리가 현실에서 사용하는 현실 언어이기 때문에 해석 없이도 쉽게 이해되는 까닭이다. 따로 배우지 않아도 알아듣기가 쉬워서 누구나 부담 없이 읽을 수 있다. 보도 섀퍼는 아이들에게 딱딱한 경제 이론을 어떻게 쉽고도 재미있게 전달할 것인가를 고민하다가 대화체 문장을 사용했고 대성공을 거두었다고 한다. 대화체가 글 속에 들어가면 글에 생기가 돌고 진행 속도가 빨라진다. 이러한 효과 때문에 대화체가 과학 서적, 경제 서적, 철학 서적에까지 등장한다. 대화체를 익혀 두는 것은 쉽게 읽히는 글을 쓰는 지름길이 된다.

사람들은 드라마를 좋아한다. 드라마가 인기 있는 것은 두 가지 이유에서다. 하나는 그 언어가 우리가 매일 사용하는 입말이고, 실시간 언어이기 때문에 해석 없이도 알아들을 수 있다는 점이다.

다른 하나는 인물 간의 대화가 긴장감을 주기 때문이다. 대화는 탁구공과 같아서 서로 주고받는 묘미가 있다. 대화가 오고 갈 때 긴장감은 적절한 재미가 된다. 그래서 잘 쓰인 대화체 글은 많은 사람이 선호하게 된다.

대화체는 일기, 독서 감상문, 기행문 등 어떤 장르에서건 두루 쓰이며 재미와 긴장감을 제공한다. 글쓰기는 대화이자 소통이다. 잘된 글은 독자와의 소통이 잘 이루어지는 글이다. 소통이 잘되는 글을 보면 대화체가 한몫하고 있다.

마음을 움직이는 글은 구체적이다

(a) 아름다운 집을 보았습니다.

(b) 창가에 꽃이 피어 있는 아름다운 집을 보았습니다.

(c) 창가에 제라늄 꽃이 피어 있는 아름다운 집을 보았습니다.

(d) 하얀 페인트가 칠해진 창가에 붉은색 제라늄 꽃이 피어 있는 아름다운 집을 보았습니다.

가장 아름다운 집을 보여 주는 문장은 어느 것일까? 누구나 아래로 내려올수록 아름다운 집이라고 생각할 것이다. 아래로 내려올수록 아름다움이 보이고 느껴진다. 구체적으로 썼기 때문이다. 글이란 구체적으로 쓸 때 나의 생각과 마음과 느낌을 보다 강력하게 전달할 수 있다.

잘 쓴 글은 다른 사람들의 마음에 영향을 끼친다. 읽어도 아무런 반향이 일어나지 않는다면 글쓴이는 헛수고를 한 셈이다. 위 글을 읽으면서 창가에 제라늄이 피어 있는 집을 떠올릴 수 있다면 글이 우리에게 반향을 일으킨 것이다. 독자의 마음을 움직이는 글은 어떤 글인가? 독자로서의 우리의 경험을 뒤져 보면 '진실이 담겨 있는 글'이라고 대답하게 된다. 그런데 그 진실은 문자로 나타나지 않고 구호 속에 들어 있지도 않다. 향기처럼 그냥 은은하게 다가올 뿐이다.

그런데 설명적인 문장이나 추상적인 문장 속에서는 그런 진실이 모습을 드러내지 못한다. 진실은 그림처럼 생생한 문장, 구체적인 문장 속에서 살아나는 속성이 있다. 읽으면서 가슴이 뭉클하거나 깨달음을 주는 글은 진실한 글이다. 리얼리즘 창작론에 '말하지 말고 보여 주라'는 이론이 있다. 그만큼 글은 설명하기보다는 보여 주기가 효과적이다. 설명문이나 논설문이 아닌 문학적인 글쓰기에서는 보여 주기 방식이 더욱 빛을 발한다. 분노, 실망, 희망, 좌절이라고 말하지 말고 무엇이 당신을 그렇게 만들었는지 구체적으로 보여 달라는 것이다.

글쓰기는 임상심리학이 아니다. 당신이 왜 화가 났는지를 알기 위한 것이 아니다. 독자는 왜 화가 났는지보다 그 화난 모습을 보고 싶어 한다. 그 감정을 독자에게 전달하면 된다. '기쁨'이라는 단어를 사용하지 않고도 기뻐하는 모습을 보여 주는 것이 좋다. 사진을 보여 주듯 하나하나 선명한 이미지를 보여 줄 때 읽는 이의 마음이 움직인다.

구체적인 글은 미세한 진실을 담고 있다. 그 미세한 진실을 망가뜨리지 않고 전달하기 위해서는 구체적이며 자세하게 말하듯이 쓰는 습관을 기를 필요가 있다. 서술형으로 답하는 시험 시간에 알고 있는 답을 썼는데 의외로 실망스러운 점수가 나오는 학생들이 있다. 이유가 무엇일까? 선생님에게 내가 알고 있는 내용이 전달되지 않았기 때문이다. 대충 쓸 때는 전달력이 약해진다. 구체적으로 쓸 때 강한 전달력이 생긴다.

구체적으로 쓰는 방법

1 보통 명사 대신 이름을 쓴다. (예: 꽃 → 제라늄)

2 추상 명사 대신 구체적 명사를 쓴다. (예: 사과 → 홍옥, 부사)

3 '설명하기'보다 '보여 주기'로 쓴다. (예: 그 아이는 사과를 좋아한다. → 그 아이는 사과를 보자 입을 딱 벌리고 손뼉을 쳤다.)

4 '기본형 동사'보다 '구체적 동사'로 쓴다. (예: 먹는다.→우물거린다.)

요약에는 내 생각을 넣지 않는다

젊은 시절의 로버트 레드포드와 브레트 피트가 형제로 나오는 〈흐르는 강물처럼〉이라는 영화가 있다. 작품에는 요약을 중요하게 여기는 아버지가 나온다. 아버지는 형제에게 소설을 주면서 '읽고 요약해 오라'고 말한다. 형제가 내용을 요약하면 다시 반으로 줄여 오라고 하고 나중에는 한마디로 줄여 오라고 한다. 왜 그러느냐고 묻는 형제에게 아버지가 말한다.

"요점을 찾아 요약하는 능력이 없다면 세상도 읽어 낼 수 없다. 세상을 읽어 낼 수 없으면 세상에 함몰되고 만다."

요즘 요약 능력으로 연간 470억 원을 벌어들이는 사람이 있다. 중국의 뤄전위라는 사람이다. 그의 마켓은 지식 애플리케이션이다.

여기에는 모든 지식이 1~3분짜리로 요약되어 들어 있다. 열 시간짜리 강의도 한 시간 분량으로 요약되어 올라온다. 뤄전위의 콘텐츠를 구매하는 사람은 연간 800만 명이나 된다. 그를 시기하는 사람들이 '당신은 전문가도 아니면서 이렇게 지식을 팔면 되나?'라고 따지면 그는 당당하게 대답한단다.

"나는 요약 전문가다! 나만큼 요약을 잘하는 사람이 있으면 나와 봐라!"

그렇다. 요약도 기술이다. 지식 정보화 시대인 21세기에 요약 능력은 대단한 기술이다. 영화를 보거나 소설을 읽고 나서 친구에게 이야기해 줄 때에 간단하게 핵심을 이야기하는 사람이 있는가 하면, 길게 이야기하지만 무슨 내용인지 알 수 없게 말하는 사람도 있다. 만약 어떤 학생이 핵심을 짧고도 분명하게 이야기할 수 있다면 그 아이는 요약 능력을 가진 것이다. 그러나 어쩐지 길게 이야기해도 핵심이 들어가지 않은 듯하면 요약 능력이 부족한 아이다.

요약 능력이 가장 필요할 때는 소설이나 영화를 보고 나서가 아니다. 서술형 시험 시간이다. 요약 능력이 없는 아이들은 뻔히 알고 있는 답을 쓰지 못해 고민하거나 써도 틀린 답으로 간주되는 경우가 많다. 한국독서교육개발원이 조사한 바에 의하면 서술형 답안지 쓰기에 대한 학생들의 응답은 '답을 썼지만 선생님이 틀렸다고 한다'고 응답한 학생이 32%, '답을 알지만 답이 써지지 않아서 틀렸다'가 30%다. 그러니까 60% 이상의 학생이 '답을 알아도 쓰지 못하는 아이들'인 셈이다. 이런 아이들의 병을 가리켜 '요약 능력 부족증'이라고 말할 수 있겠다.

요약은 공부할 때만 필요한 기술이 아니다. 대화할 때도 필요하다. 정치가이자 노벨 문학상 수상자인 처칠은 요약을 좋아했다. 그는 각료들이 길게 보고하는 것을 못 견뎌 했다. 제2차 세계대전이 한참이던 어느 날, 해군 제독이 그에게 전투 작전이 담긴 중요한 문서를 가지고 왔다. 그것을 본 처칠이 말했다.

"해군 배치와 작전 내용을 한 페이지로 줄여 오게. 그거면 충분해."

서술형 시험 문제는 요약형 문제다. 그래서 요약을 잘하는 학생들은 서술형 문제에 훌륭한 답을 쓴다. 아래 예문은 중학교 학생이 교과서에 있는 내용을 요약하여 답변한 내용이다.

문제: 칼에 베거나 상처가 났을 때 사람은 왜 죽지 않고 살 수 있을까? (300~400자)

답안: 우리 몸의 세포는 끊임없이 두 개 이상의 세포로 분열한다. 따라서 우리 몸의 세포는 늘 새로운 세포로 교체된다. 1초 동안 세포 5,000만 개가 죽고, 5,000만 개가 다시 생겨난다. 이런 방식으로 우리 몸이 천천히 새로워진다. 그래서 상처는 스스로 치료되고 우리 몸은 죽지 않고 살 수 있다.

우리나라 중·고등학생 10% 이내의 소위 상위권 학생들은 어휘 능력, 요약 능력, 응용 능력, 집중력, 기억 능력이 뛰어난 것으로 밝혀졌다. 게다가 서술형·논술형이 강화되고부터 요약 능력이 상위권을 결정짓는 강력한 능력으로 떠올랐다. 요약 능력이 부족하면 자신이 알고 있는 것을 짧은 시간 동안에 짧은 문장으로 기술할 수가 없기 때문이다. 즉 21세기식 우등생은 요약 능력이 뛰어나야 한다.

요약하기 훈련법

1 읽으며 핵심 단어를 고른다.

2 읽으며 중요한 내용에 밑줄을 친다.

3 고른 단어와 내용을 뭉뚱그린다.

4 이때 자기 생각을 넣지 않는다.

5 상상이나 추측은 넣지 않는다.

6 간결하고 짧은 문장으로 쓴다.

6장

공부머리를 완성하는
글쓰기 전략 5단계:

시작에서 완성까지,
글 한 편 완성하기

이제는 써 볼까?

- 글 잘 쓰는 나를 상상한다

'시작이 반'이라는 말이 있다. 이 말은 글쓰기에서는 거의 진리에 가까운 말이다. 그런데 글을 시작하려는 아이들이 가장 먼저 만나는 것이 글쓰기의 두려움이다. 그 두려움이 솔솔 풀려 나오려는 생각을 꽁꽁 묶어 버리곤 한다. 많은 아이들이 이 단계에서 좌절하면서 '글쓰기는 고통'이라고 호소한다. 글쓰기를 좌절시키는 요소를 물리칠 수 있는 방법은 다양하게 존재하지만 가장 일반적인 것은 두 가지다. 하나는 잘 쓸 수 있다고 상상하는 것이고, 다른 하나는 좋은 필기구를 준비하는 일이다.

맥스웰 말츠 박사는 그의 저서 《성공의 두뇌공학》에서 '상상력에는 현재 상황을 바꾸는 힘이 있다'는 이론을 발표했다. 인간의 신경 조직은 실제 경험과 상상 경험을 구분하지 못한다는 것에서 출발한 그의 이론은 글쓰기에 대한 자신감을 기르는 방법으로 상상력을 동원할 것을 권한다.

먼저 글을 잘 써서 성공한 사람들의 이야기를 읽는다. 나도 잘 쓸 수 있다는 상상을 매일 한다. 매일 밤 잠들기 전 그런 상상을 한다. 21일 동안 그렇게 하면 글쓰기의 두려움이 사라진다.

이 글을 읽고, 나도 실험 집단의 아이들에게 이 '상상의 방법'을 적용해 보았다. 실험에 참가한 아이들 75%가 상상을 하지 않은 아이들보다 글쓰기의 두려움을 쉽게 몰아낼 수 있었다.

초등학교 3학년 때 아버지가 36색 크레파스를 사 왔다. 과묵한 아버지는 아무 말없이 크레파스를 쓱 내밀었다. 나는 상상했다. 추수한 곡식을 팔아 주머니에 돈을 넣고 막걸리 한잔을 걸치고 학용품가게 앞을 지나다가 자신이 초등학교 때 그렇게도 갖고 싶던 36색 크레파스를 발견한 걸까? 아니면 그림을 잘 그린다는 내가 기특하여 충동적으로 산 걸까? 크레파스는 나의 보물이 되었다. 어찌나 소중하게 여겼는지 그림을 그리다가 잘못하여 크레파스가 부러지면 내 허리가 부러진 듯 온몸이 오그라들었다.

어느 유명한 화가의 회상이다. 가난한 아버지가 사 준 크레파스

한 통이 그를 화가의 길로 이끌어 주었다는 고백이다. 그렇다. 초등학교 시절의 크레파스 한 통이 화가를 만들고, 위인전 한 권이 위인을 만든다. 어린 시절에 받은 선물은 이렇게 특별한 의미를 갖는다. 입학 선물, 졸업 선물로 좋은 만년필이나 학용품을 사 주는 것은 동서양을 막론하고 오래된 전통이다. 컴퓨터가 일반화되면서 이런 전통이 사라지고 있지만 자녀에게 즐거운 글쓰기를 선사하려는 부모들이 기억해 두어야 할 관습이다.

술술 써지는 펜을 보면 무언가 쓰고 싶어진다. 광택 없이 뽀얀 종이를 보면 아무 글씨라도 써 보고 싶다. 가는 실선으로 처리된 원고지를 보면 한 칸 한 칸 메우고 싶기도 하다. 반면 글을 쓰려고 책상 앞에 앉았는데 펜이나 종이가 마음에 들지 않을 때는 쓰려던 의욕이 슬며시 사라진다.

이런 글쓰기 심리를 간파한 것일까? 요즘 문방구에는 좋은 필기구들이 넘쳐 난다. 예쁜 그림이 그려진 노트, 다양한 모양새의 지우개, 색색 가지 볼펜과 연필들. 지금 문방구로 달려가서 아이가 가장 마음에 들어 하는 필기구를 사 주자. 당장 쓰지 않아도 풍성하게 사 놓으면 언젠가는 쓰게 될 것이다. 멋진 그림이 담긴 일기장, 금박으로 칠해진 노트. 손안에 쏘옥 들어오는 메모 수첩, 색색 가지 포스트잇, 알록달록 형광펜… 많이 사 놓고 보면 부자가 된 듯 흐뭇할 것이다. 견물생심이라고 그렇게 준비해 두면 쓰고 싶은 마음이 저절로 생긴다.

'화가 났을 때는 진하면서 강한 연필이 좋다. 진한 연필로 꾹꾹 눌러쓰다 보면 어느새 화가 스르르 풀린다'고 고백한 어느 심리학자의 이야기를 읽은 적 있다. 나도 몇 번 해 보았는데 정말 효과가 있었다. 글을 쓸 때에 손가락과 손목에 힘을 주어야 하는 볼펜보다는 힘들이지 않고도 술술 잉크가 나오는 고급 펜이 더 좋다. 몸속의 에너지를 생각하고 표현하는 데 사용해야지 손가락 움직이는 데 사용할 필요가 있겠는가.

글쓰기의 두려움을 몰아내는 방법

1 글을 잘 써서 성공한 사람들의 이야기를 읽는다.

2 나도 잘 쓸 수 있다고 상상한다.

3 좋은 필기구를 준비한다.

무슨 이야기를 쓸까?
- 주제가 결정된다

글제를 대하는 순간 머리는 텅 비고 아무 생각이 나지 않는다. 텅 빈 백지가 공포스럽게 느껴지고 이것저것 써 보다가 지우고 시간은 자꾸 가고 '아, 어쩌면 쓸 수 없을지도 몰라'라는 생각에 더럭 겁이 났다. 가슴이 울렁거리고 눈앞이 캄캄해진다.

초등학교 4학년 때의 내 모습이다. 생전 처음 학교 대표로 출전한 어린이 글짓기 대회였다. 글제는 '학교 어린이회'였는데 당시 어린이회 임원이 아니었던 나는 시작도 못하고 말았다. 죽을 쑤고 나온 나에게 담임 선생님은 팥 아이스케이크를 사 주며 몇 번이고 말씀하셨다.

"글제만 좋았다면 네가 상을 탔을 텐데."

그날 교육청 정원에 선 버드나무 아래에서 치마로 얼굴을 감싸고 한 시간 동안이나 울었다. 나중에 선생님이 그만 울라고 화를 내시는 바람에 할 수 없이 그쳤다.

이처럼 글제를 자신이 정하는 경우가 아니고 일방적으로 주어지는 경우가 있다. 이때, 가장 먼저 해야 할 일은 '내가 할 수 있는 이야기가 무엇인가'에 대한 파악이다. 글쓰기 대회라면 글제가 원하는 범위 속에서 내가 할 수 있는 범위를 찾는 것이고, 논술 고사라면 문제의 의도를 파악하는 일이다. 초등학교 4학년 때 내가 이 원리를 알았다면 어린이회 임원이 아니었어도 당당하게 글을 완성시킬 수 있었을 것이다.

'나는 어린이회 임원이 아니다'를 밝히고 임원이 되고 싶었지만 추천해 주는 아이가 없어서 나갈 수 없었던 일, 임원이 된 아이들이 부러웠던 일, 임원이 되면 어떤 일을 하고 싶었다는 이야기를 쓰면 훌륭한 글이 될 수 있었을 텐데 말이다. 그런데 나는 임원이 아니라는 생각에 쩔쩔매다가 시작도 못하고 만 것이다.

글쓰기에는 정답이 없다. 내 생각을 얼마나 재미있고 감동적으로 썼느냐에 따라 잘된 글과 잘못된 글이 판가름 난다. 누구도 그건 안 된다고 말하지 않는다. 완전히 내 마음대로다.

이런 신나는 조건은 개인적인 글쓰기든, 시합하는 글쓰기든, 입학의 당락을 가르는 논술 고사든 마찬가지다. 글쓰기 심사를 할 때는 많이 알고 있다고, 지식이 풍부하다고, 좋은 일을 많이 한 착한 아이라고 좋은 점수를 주지는 않는다. 자신의 생각이나 마음을 얼마나 생생하고 논리적으로 전달한 글이냐에 따라 점수가 결정된다.

'무슨 이야기를 쓸까'를 정하고 나면 주제가 떠오른다. 앞에서 예로 든 내 경우라면 '부러운 어린이회 임원들'이 될 것이다. 그것이 결정되면 글은 일사천리로 써진다. 주제가 떠오르면 쓰는 것은 일도 아니다.

"쓰고 싶고, 쓸 수 있고, 쓸 필요가 있는 내용을 찾았다면 글은 이미 반이나 완성된 것과 다름없다."

세계명작 《제인 에어》를 쓴 샬롯 브론테가 글쓰기 비결을 묻는 기자에게 한 말이다.

자신을 검색하는 방법과 절차

1 문제와 관련된 추억이나 경험을 떠올려 본다.

2 문제에 대해 내가 쓸 수 있는 것과 쓸 수 없는 것을 가려낸다.

3 잘 쓸 수 있는 것들을 모아 보면 주제가 떠오른다.

4 주제는 만들어 내는 것이 아니다. 소재들 속에서 태양처럼 떠오르는 것이다.

누가 읽을 글인가?

- 대상에 따라 범위와 수준이 결정된다

친애하는 국민 여러분.

존경하는 시민 여러분.

사랑하는 도민 여러분.

대통령, 시장, 도지사는 이렇게 말한다. 그러나 이런 연설을 들을 때 어느 누구도 저 말이 나에게 하는 말이라고 생각하지 않는다. 대상 범위가 너무 넓기 때문이다.

누가 읽어도 좋은 범위의 글을 쓰기란 어려운 법이다. 대상에 따라 단어, 문장, 흥밋거리 등을 맞추어야 하기 때문이다. 그래서 대상이 광범위한 글은 애초부터 좋은 글이 되는 게 불가능하다. 그 불가능을 가능으로 만들고자 대통령이나 시장, 도지사는 글쓰기 비서를 두고 있을 것이다.

다행히도 초등학생이나 중·고등학교 학생들은 대통령, 시장, 도지사보다는 행복하다. 국민 전체나 불분명한 대상을 놓고 글을 쓰는 경우란 없기 때문이다. 학생들의 경우에는 친구나 선생님이 고작이다. 누가 읽을 것인가를 정하고 나면 글쓰기는 쉽고 빠르게 진행된다. 대상에 따라 어휘 선택, 문장 수준, 예문의 방향과 수준이 결정된다. 그래서 독자 범위가 좁을수록 글쓰기가 쉬워진다. 만족시킬 범위가 좁기 때문이다.

주제를 명확하게 하기 위해서는 독자의 범위를 좁혀야 한다. 독자를 좁힐수록 주제가 선명해진다. 대통령의 글처럼 읽어 줄 대상을 넓게 잡으면 아무도 읽어 주지 않는 글이 된다는 것만 상기하면 된다.

일기일 경우에는 자신이 읽을 글이니까 제일 쉽다. 대회용 글쓰기라면 일차적으로는 심사 위원들이 읽지만, 그 뒤에는 발표되어 비슷한 또래의 학생들이 읽을 글이니까 친구들의 눈높이에 맞는 글을 써야 한다. 심사 위원들도 그 점을 감안하여 자신들의 눈을 학생 수준으로 낮춘다. 논술 고사일 경우에는 대학 교수들이 읽지만 이 글도 고등학생이 읽을 것을 염두에 두고 쓴다. 교수들도 자신들의 눈을 고등학생으로 낮추어서 글을 읽는다.

글쓰기 대회에서 심사하다 보면 대상의 수준을 너무 높인 글을 만날 때가 있다. 글씨는 삐뚤빼뚤 아이들 글씨인데 어휘나 내용이 어른스러운 글을 만나게 된다. 그러면 심사 위원들은 금방 알아차린다. 부모님이나 선생님이 써 주었거나 어디서 베낀 글이라는 것을. 그런 의심을 받는 글은 가장 먼저 탈락하게 된다.

남의 글을 베끼는 학생들이 점점 늘고 있다. 그래서 요즘은 심사 위원 노릇하기도 어렵다. 잘못하여 표절 작품을 당선작으로 삼아 웃음거리가 되지나 않을까 전전긍긍하기도 한다. 그래서 글쓰기에서 최고상 수준을 정하려면 아이를 만나 보고 집안을 살펴보아야 하는 탐정 수준의 전략까지 동원된다. 이런 불편을 겪지 않으려면 자기 또래의 아이들이 읽을 글이라고 생각하고 쓰는 것이 가장 안전하고 확실한 방법이다.

자신을 검색하라
- 소재가 모아진다

나이가 많든 적든, 교육을 많이 받았든 적게 받았든 간에 모든 사람들은 이야기를 가지고 있다. 대학생 때 기차에서 만난 어떤 할머니는 내가 국문학과 학생이라고 하자 내 손을 꼭 쥐며 자신의 일생을 글로 써 달라고 부탁했다. 그 할머니는 내가 기차에서 내릴 때까지 명주 수건으로 눈물을 찍어 가며 아들 못 낳아 시앗을 보아야 했던 자신의 인생을 구구절절 이야기했다. 그 후 나는 할머니의 소원을 풀어 드리지 못해 늘 미안했다. 그러나 아마도 할머니는 나에게 자신의 이야기를 털어놓은 것만으로도 얼마쯤은 행복했을 것이다.

글을 쓴다는 것은 내가 가지고 있는 느낌이나 생각을 다른 사람과 나누고 싶은 욕망의 표현이다. 누군가를 가르치려는 것도 아니고, 인정받으려는 것도 아니다. 그것은 표현의 본능이며 자신을 기쁘게 하는 본능일 뿐이다. 그런데 언제부터인가 우리 주위에는 글쓰기의 행복보다는 글쓰기의 불행감을 맛보는 아이들이 훨씬 더 많아졌다. 왜 그럴까? 그것은 자기로부터 소재를 모으지 않고 엉뚱한 곳에서 소재를 가져오려고 하기 때문이다.

읽을 대상이 결정되면 글에 들어갈 작은 이야기들인 소재를 모아야 한다. 그런데 이때부터 '쓸거리가 없다'고 하소연하는 아이들이 생긴다. 왜 쓸거리가 없는 것일까? 한국교육개발원은 연구 결과 '쓸거리를 자신이 아닌 다른 곳에서 찾는 아이들이 많다'는 사실을 발견했다. 아이들 대부분은 글의 소재가 신문에 난 사건처럼 어마어마한 사건이나 훌륭한 일이어야 한다는 생각을 가지고 있었다. 이것이 글쓰기를 어렵게 만드는 요인 중 하나였다.

일기나 편지처럼 혼자 읽는 글이든, 논술 고사처럼 개방되는 글이든 간에 글쓰기의 소재는 자신으로부터 나온다. 자신이 읽은 책의 내용, 자신이 겪은 일, 자신이 생각한 것, 느낀 것이 글의 소재가 된다. 자신의 것이 아닌 것을 써 봤자 어색하고 보잘 것 없는 글이 되고 만다. 좋은 글은 언제나 내 속에서 나온다.

글쓰기란 잔재주 부리기가 아니라 내 마음의 표현이고 내 인격의 표현이다. 우리는 살면서 이상한 것, 아름다운 것, 감동적인 것들을 채집해서 기억 속에 넣어 둔다. 그중에서 하나를 고르는 것이 소재 찾기의 첫 걸음이다. 자신 속에 들어 있는 이야기를 꺼내지 않고 자신과는 무관한 다른 이야기를 쓰려 하기 때문에 행복감이 아닌 불행감에 휩싸인다. '작가 자신에게 없는 것을 남에게 보여 줄 수 없다'는 스탕달의 말처럼 글 쓰는 이는 글의 재료를 자기 안에서 찾아야 한다. 누구에게나 재능이 있고 표현하고 싶은 생각이 있다. 자유롭게 쓰기만 한다면, 내부에 있는 진실을 말하기만 한다면, 자신의 깊은 내면에서 나오는 이야기를 쓰기만 한다면, 누구나 독창적일 수 있다.

내부의 목소리가 똑같은 사람이란 없다. 유전자 및 염색체 분야의 세계적 석학인 미국 존스홉킨스대학 제닝스 박사는 '어떤 개인도 다른 개인과 완전히 동일한 유전자를 가질 수 없으며, 인류 역사상 똑같은 사람은 존재한 적이 없다'고 말한다. 이토록 독창적인 것이 사람이기 때문에 누구나 자기로부터 나온 것을 쓰면 독창적일 수밖에 없다.

글 잘 쓰는 자녀를 원하는 부모님들이 가져야 할 중요한 마음가짐은 '자신에게 재능이 있다는 것과 독창성이 있다는 것'을 자녀에게 명심시키는 일이다. 이것을 알게 되면 글쓰기는 자유롭고 신나는 활동이 된다. 그리고 마침내 글쓰기를 즐기게 된다. 아이들을 거기까지 안내하는 것이 부모의 역할이다.

소재 모으는 데 도움이 되는 말들

1 소재는 먼 곳에 있지 않다. 내 안에 있다.

2 소재는 내가 아는 이야기다. 모르는 이야기는 소재가 될 수 없다.

3 내 이야기를 써야 글쓰기가 쉽다.

4 경험의 창고 속에서 쓰고 싶고, 쓸 수 있고, 쓸 필요가 있는 이야기가 좋은 소재다.

5 머릿속을 맴돌며 떠나지 않는 생각이 멋진 소재인 경우가 많다.

6 궁금증을 일으키는 질문 속에 글의 소재가 숨어 있다.

자유롭게 써라

- 생각을 꺼낼 때는 맞춤법이 필요 없다

한국독서교육개발원에서 초·중·고등학생을 대상으로 '글을 쓸 때의 느낌'을 조사한 적 있다. 그 결과 '고통스럽다'는 응답이 88%였다. '어떤 고통을 느끼는가?'란 질문에 '글을 쓰려면 머리가 아프다'는 응답이 가장 많았다. 이들 중 32%는 실제로 머리가 쑤시고 아프다고 했다. 대체 왜 머리가 아픈 것일까? 다양한 응답이 나왔지만 그중 '원고지 강박증'이 있는 학생들이 많았다. 줄 친 노트나 백지에 쓸 때보다 원고지에 쓸 때에 '더 머리가 아프고 글이 안 나온다'고 응답했다.

똑같은 질문을 어른 집단에 해 보았다. 대학생, 교사, 학교장, 교수, 공무원, 회사원, 작가 등 다양한 집단이 참가했다. 역시 원고지에 쓸 때 더 잘 써진다는 집단은 없었다. 글쓰기를 직업으로 하는 작가들조차도 처음부터 원고지에 쓰기는 힘들다고 응답했다. 그러므로 초등학생들의 이러한 호소는 너무도 당연하다. 줄 친 공책보다 원고지 쓰기에 부담을 느낀다는 것은 진작 제거해 주었어야 할 장애물이었던 것이다. 그러나 지금도 글쓰기 대회에 나간 아이들은 원고지 칸을 메우느라 진땀을 흘리고 있다.

글쓰기를 배우는 과정을 연구해 보면 처음에는 단어 수준의 쓰기를 하다가 차차 문장 수준의 글쓰기로 발전한다. 문장 수준의 글쓰기에 자신감이 생기는 순간부터 문단 수준의 글쓰기를 시도하게 된다. 어떤 아이도 단어 수준의 글쓰기에서 문단 수준의 글쓰기로 건너뛰지 못한다. 반드시 문장 수준의 글쓰기를 거친다.

원고지는 우리의 생각을 낱자 혹은 단어 수준으로 유도한다. 글을 선형(line-up)으로 진행시키기보다 칸 속에 채우는 낱자 수준은 생각을 문장 단위로 생성하지 못하고 한 글자 한 글자 낱자 단위로 생성하게 한다. 이런 낱자 수준의 사고는 두뇌 속에서 일어나는 사고의 흐름을 막고 문장 수준의 글쓰기로 발전하려는 과정을 늦춘다. 초등학교 1학년에 들어가면 칸 공책을 쓴다. 그러다가 글자 쓰기가 어느 정도 잡히면 줄 공책을 쓴다. 이것은 사고의 흐름을 칸 공책이 막기 때문에 이를 풀어 주기 위한 것이다.

글을 잘 쓰는 아이들, 글쓰기가 재미있다고 말하는 아이들, 글을 쉽게 쓰는 아이들은 단어 수준의 글쓰기를 빨리 청산한 아이들이다. 오랫동안 단어 수준의 글쓰기에 묶여 있는 아이들은 글쓰기를 어려워하고 글을 유창하게 진행하지 못한다.

생각은 시위를 떠나려는 화살과 같다. 그런데 활이 그 화살을 목표하는 곳으로 보내 주지 못한다면 얼마나 괴로울까. 목표를 향하여 날아가고 싶은 화살을 잡아매어 두려는 것은 얼마나 이상한 일인가. 원고지 강박증은 바로 날아가려는 생각의 화살을 칸 속에 잡고 있는 것과 비슷하다고 말할 수 있다.

현재 원고지를 사용하는 나라는 우리나라와 일본이다. 일제 강점기에 일본으로부터 들어온 원고지는 오늘날까지 줄곧 사용되고 있다. 1960년대까지는 학용품이 모자라던 시대라 대회용이 아니면 감히 원고지를 사용하지 못했다. 그러다가 학용품이 흔해지고부터는 글쓰기라면 무조건 원고지에 써야 하는 것으로 인식되었다. 학교에서도, 글짓기 대회에서도, 학원에서도 원고지에 쓰는 것을 기본으로 한다. 원고지에 쓰기가 마치 글쓰기의 기본 과정이나 되는 것처럼.

물론 원고지에 쓰기도 약간의 장점은 있다. 학교 교사에게는 글쓰기의 분량을 명료하게 정해 주고 검사하기 쉽다는 게 장점이다. 그리고 학생들에게는 한 자 한 자 또박또박 글씨를 쓰고 띄어쓰기를 신경 쓰게 된다는 점이 장점이다. 다시 말해 원고지 쓰기의 최대 장점은 맞춤법 교육이다. 그러나 원고지 쓰기의 단점은 이보다 좀 더 본질적인 데 있다. 인생의 초기인 초등학교 시절에 글쓰기를 배워야 하는 이유는 무엇인가? 아마도 자유스럽게 자신을 표현할 수 있는 표현 능력일 것이다. 실제로 초등학교 국어과 교육 과정에서 '자신의 생각을 자유롭게 표현할 수 있다'는 말로 글쓰기의 목표를 정하고 있다. 그렇다. 글쓰기의 목표는 또박또박 예쁘게 쓰는 글씨가 아니라 생각을 자유롭게 표현하는 표현력이다.

창조적 활동인 글쓰기에서 가장 중요한 것은 형식이 아니라 사고의 자유다. 사고의 자유를 맘껏 펼 수 있는 형식의 자유도 필요하다. 원고지 쓰기와 같은 형식에 얽매이다 보면 사고가 위축되고 정형화된다. 우리가 글쓰기 교육에서 진정 도달해야 할 목표는 글씨 깨끗하게 쓰는 아이들이 아니라 자유롭게 자신의 생각을 펼칠 수 있는 아이들이다. 이제 아이들에게 '원고지 밖으로 행군하라'고 말해야 할 때가 된 것 같다. 그동안 우리가 아무 생각 없이 강행해 온 원고지 사용이 빈대 잡으려다 초가삼간 다 태우는 격이 되고 있다.

"초고는 가슴으로 쓰고 재고는 머리로 쓰는 거야. 글쓰기의 첫 번째 열쇠는 쓰는 거지. 생각하는 게 아니야."

영화 〈파인딩 포레스터〉에서 주인공 포레스터의 독백이다. 글쓰기를 할 때 우물쭈물하는 사람들에게 외치는 소리다. 셰익스피어도 맞춤법에 맞는 글은 쓰지 못했다. 그의 초고는 아무도 알아볼 수 없을 정도로 어지러웠다. 하지만 그 내용만은 탄탄한 독창성을 가지고 있었다. 셰익스피어만큼 글쓰기를 즐긴 사람도 없다. 그는 밥을 먹듯이 글을 썼다. 그는 철저하게 자신을 믿었다. 학자들은 말한다. 만약 셰익스피어에게 글을 쓰지 못하게 했다면 그는 아마도 자살을 선택했을 것이라고. 강조하건대 글쓰기가 즐거워지는 가장 확실한 방법은 자유롭게, 신나게 쓰는 것이다.

키워드 세 개를 정해라
- 그것이 글의 핵심이다

글쓰기는 요리하기와 같다. 불고기를 만들려고 할 때 가장 먼저 하는 일이 재료 준비다. 고기를 적당하게 잘라 설탕과 배즙을 뿌려 둔다. 그리고 양파를 까서 적당하게 잘라 놓고, 당근과 파를 썰어 놓고, 마늘을 다져 놓고 후추와 참기름을 준비한다. 이것이 준비 과정이다. 그다음에는 번철을 불에 올려놓고 이런 재료들을 따로따로 살짝 볶아 둔다.

이때 고기, 양파, 당근, 파, 마늘, 후추, 참기름을 준비하는 과정이 키워드를 만드는 과정이다. 그리고 이것을 따로따로 볶아 내는 과정은 문단 만들기 과정이고, 다 넣고 볶는 마지막 과정이 글쓰기 과정이다. 이때 준비 과정에서 중요한 재료 하나가 빠졌다면 음식 맛이 없을 게 뻔하다. 요리의 준비 과정에서부터 중요한 재료가 빠졌다면 요리는 처음부터 맛이 없을 운명에 놓이게 된다. 글쓰기도 마찬가지다. 처음에 글의 핵심이 될 중요한 어휘 세 개를 찾는 것이 중요하다. 만약 엉뚱한 단어를 찾는다면 글은 처음부터 엉뚱한 방향으로 흘러간다.

학교에서 글을 쓰라고 하면 선생님 말이 떨어지자마자 엎드려서 쓰는 아이들이 있는가 하면 무엇인가 메모하기 시작하는 아이들도 있다. 시간이 다 가도록 눈만 깜박이며 앉아 있는 아이들도 있다. 그러나 분명한 것은 선생님 말이 떨어지자마자 달려들어 쓰는 아이들치고 글을 잘 쓰는 아이들은 없다. 대부분 얼마 못 가 이야기가 막혀서 쩔쩔매거나 그냥 포기하고 만다. 이런 아이들이 의외로 많다. 이들은 나중에 논술 고사도 실패할 확률이 높다. 학교를 졸업하고 사회에 나갔을 때 부실한 기획서나 보고서 때문에 상사로부터 능력 없다는 딱지를 받게 될 가능성도 크다.

글을 쓰면서 다음에 무엇을 쓸 것인지에 대한 확실한 계획 없이 시작하면 얼마 가지 못해 곧 막혀 버린다. 그래서 이말 저말 쓰고 고치다 보면 결과적으로는 시간만 더 걸릴 뿐 글은 내용도 부실하고 구조도 허술하게 된다. 그러나 글쓰기 전에 미리 생각하고 메모하는 습관을 들인 사람은 좋은 글을 쓰게 된다. 이들은 준비를 철저히 하는 요리사와 같다. 무엇을 쓸 것인지, 누구를 대상으로 쓸 것인지를 결정하고 나면 키워드 세 개를 정할 차례다. 키워드는 앞으로 쓰게 될 글 속에서 빼놓을 수 없는 중요한 내용을 대표하는 단어들이다. 단어가 아니라 구절이어도 좋고 문장이어도 좋다.

키워드는 두 개보다도, 네 개보다도, 세 개가 좋다. 잘 쓰러지지 않는 카메라 다리가 세 개라는 것을 생각하면 숫자 3의 비밀을 짐작하게 된다. 3은 토론 진행을 성공시키는 최소한의 숫자다. 둘은 편이 갈리고 넷도 편이 갈린다. 그러나 3이나 5는 편이 갈리지 않고 중재도 가능하다.

세 개의 키워드는 글의 핵심이 될 아이디어를 대표하는 말이어야 한다. 글에서 이런 이야기를 하겠다는 중심 아이디어다. 그런데 이 아이디어를 서로 비슷비슷한 것 세 개를 고르면 의미가 없다. 키워드는 서로 낯설수록 좋다. 서로 다르거나 관련이 없어 보이는 것을 고르면 매우 신선하고 창의적인 글이 된다. 즉 키워드끼리 서로 거리가 먼 것을 고르면 '낯설게 하기'란 신선한 충격 효과로 나타난다.

예를 들어 '아름다운 지구'라는 글을 쓰기 위해서 키워드를 '강물, 나무, 꽃'으로 정하면 글은 비슷비슷한 이야기가 이어지면서 지루하게 흘러간다. 그러나 키워드가 '꽃, 컴퓨터, 아프리카'로 정해진다면 이야기는 아마도 다양하고 신선하게 흘러갈 것이다. 아름다운 지구를 위해 꽃이 할 수 있는 역할과 컴퓨터가 할 수 있는 역할, 아프리카가 할 수 있는 역할이 다르기 때문이다. 이렇게 키워드는 서로 거리가 멀면 멀수록 좋다. 그것이 글에 신선함을 주고 독자에게는 언어적 추측 게임을 가능하게 한다. 독자란 자신들이 추측할 것이 없는 빤한 글에서는 지루함을 느낀다.

일류 요리사는 재료를 정할 때, 음식이 완성된 후 색깔을 상상하며 준비한다고 한다. 글 쓰는 사람도 좋은 글을 쓰기 위해서는 완성된 글의 신선함과 다양함을 상상하며 키워드를 정해야 한다. 상상력이 부족한 아이는 서로 거리가 가까운 키워드를 골라 글을 구성한다. 이것은 세 개의 다리를 가까이 둔 삼각대처럼 넘어지기 쉬운 구조를 이룬다. 그러나 거리가 먼 키워드를 골라 쓴 글은 다리 세 개를 멀리 벌려 놓은 삼각대처럼 튼튼한 구조를 갖는다.

생각을 공간화하라 - 글의 작전 지도가 나타난다

글을 쓸 때 첫 글자에서 시작하여 마지막까지 연속적으로 이어 가면서 글을 쓰는 사람이 있을까? 내가 조사한 사람들 중에는 그렇게 글을 쓰는 사람이 한 사람도 없었다. 그가 학자든, 작가든 자기가 쓰려는 내용을 일단 메모나 토막글의 형태로 적어 두었다가 그것들의 순서를 정한 다음에 구체적으로 살을 붙여 나가는 방법을 택하고 있었다.

지금 이 책을 쓰고 있는 나도 머리말에서부터 시작하여 여기까지 순차대로 써 오고 있지는 않다. 글쓰기에 대한 수많은 아이디어를 모으고, 그 아이디어들을 같은 성질의 것들끼리 그룹 짓고, 각각의 그룹마다 먼저 나올 이야기와 나중에 나올 이야기의 순서를 정한 다음에 살을 붙여 나가고 있다. 다양한 글쓰기를 경험한 사람들은 이러한 글쓰기의 작업이 1,000자 정도의 짧은 글에서부터 책 한 권을 쓰기까지 공통된 작업이라는 것을 안다.

미국의 인지심리학자 존 로버트 앤더슨은 인간의 기억 속에 저장된 정보들은 문장이 계속적으로 이어지는 것처럼 선형으로 조직되어 있는 것이 아니라, 그물망 형태(Network Structure)와 같은 공간 구조를 이루고 있다는 것을 밝혀냈다. 예를 들어 '스피츠는 불독보다 작다'란 문장을 읽을 때는 '스피츠 < 불독'으로 기억한다는 것이다. 이러한 인지 구조의 특징을 이용하면 글쓰기가 한결 쉽고 재미있어진다.

글쓰기는 일차적으로는 자신의 생각을 표현하는 수단이지만, 이차적으로는 타인의 두뇌에 무언가를 전달하는 행위다. 그러므로 표현하기도 좋고 전달하기도 좋은 형식을 취하는 것이 중요하다. 그것을 먼저 점검해 보는 것이 생각을 공간화하는 작업이다. 생각을 선적으로 늘어놓기 전에 공간 속에 늘어놓고 한눈에 조망해 보는 이 작업을 '글의 작전 지도 그리기'라고 말하기도 한다.

왜 작전 지도를 그린 후에 글을 써야 하는가? 그것은 자신의 생각의 구조를 알아보기 위한 것이다. 작전 지도를 그려 놓고 보면 생각의 구조가 보인다. 이때 잘못이 있으면 수정하면 된다. 글을 다 써 놓고 수정하기보다 한결 쉽고 시간도 절약되기 때문이다. 특히 시험 시간이나 논술 고사 같은 시간의 제약을 받는 글쓰기에서 실

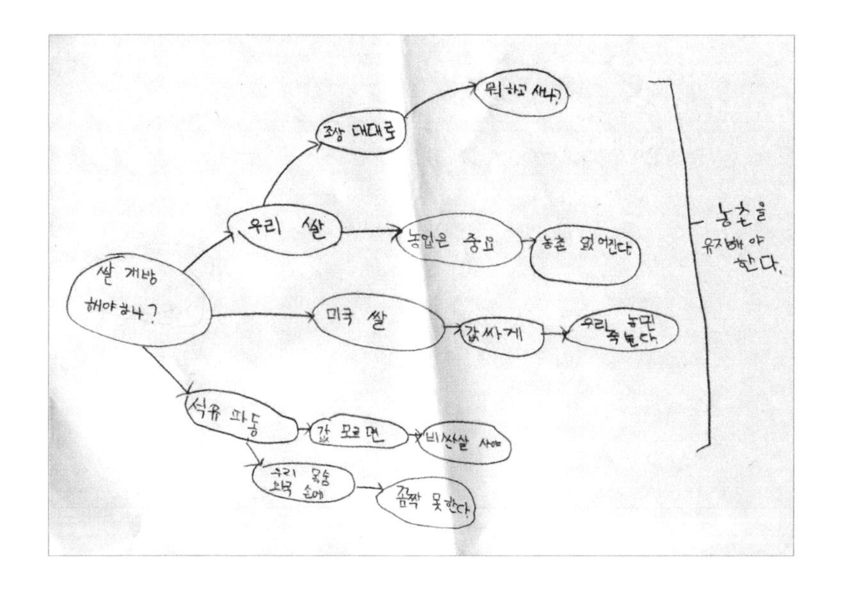

패할 확률을 줄일 수 있다. 생각을 공간화하는 작업은 건축가가 설계도 그리기, 전쟁에 나가는 장군이 작전 지도 그리기, 쇼 프로듀서가 콘티를 짜는 것과 같은 작업이다.

위 그림은 초등학교 5학년 어린이가 글쓰기 전에 그린 작전 지도다. 글쓰기를 즐기는 이 어린이는 글을 쓸 때마다 흰 종이를 내놓고 거기에 작전 지도를 그린다. 먼저 무슨 주제로 글을 쓸 것인가를 정하고 그 주제를 달성하기 위한 키워드 세 개를 정한 다음 키워드를 중심으로 작전 지도를 그린다. 일반적으로 글의 작전 지도에는 글의 방향, 글에 쓸 소재, 글의 범위, 이야기의 순서가 정해진다. 좀 더 구체적인 작전 지도에는 각 문단마다 어떤 이야기가 들어갈 것인지, 어떤 예를 들 것인지가 들어갈 수도 있다.

생각을 공간화하는 방법들

1 그물망 구조(Network Structure)

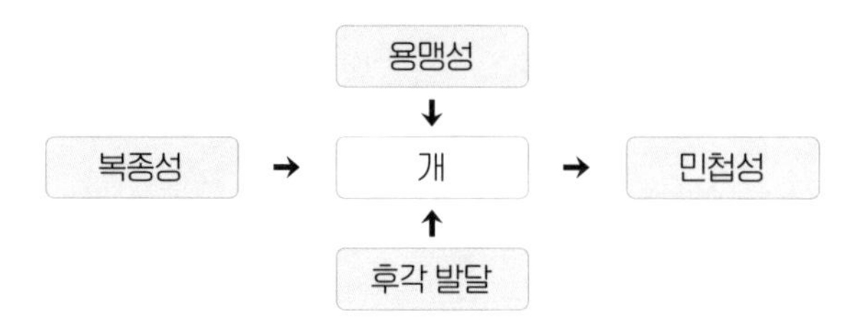

2 연계 구조(Chain Structure)

3 피라미드 구조(Pyramid Structure)

화제문을 만들어라
- 글이 샛길로 빠지지 않는다

텔레비전은 아이들을 조용하게 만드는 역할을 한다. 옛날에는 부모들이 떠드는 아이들을 향해 "밖에 나가 놀아", "입 다물지 못하겠니?" 하곤 했다. 그러나 요즘은 "텔레비전 볼래?" 하고 말한다. 그러면 그때부터 아이들은 조용해지고 대신 텔레비전이 떠들기 시작한다. 자동차 소리, 고함 소리, 총소리가 아이들의 입에서가 아니라 텔레비전에서 흘러나온다.

위 예문에서 키워드는 '텔레비전의 역할'이고 밑줄 친 문장이 화제문이다. 키워드가 정해지면 그것을 문장으로 만든다. 키워드로 정한 의미가 최대한 응축된 문장이면 더욱 좋다. 그리고 그 문장을 보조하는 문장들을 만들어 문단을 구성한다. 이때 키워드로 만든

응축된 문장이 화제문이다.

문단을 만들 때 그냥 달려들면 막막해진다. 그러나 일단 화제문을 만들어 놓고 문단을 시작하면 한결 수월해진다. 마치 뭉치실 속에서 실마리를 찾은 다음에 풀어내는 것처럼 순조롭다. 화제문은 자신의 생각을 한 문장 속에 응축한 문장이고, 응축된 것의 실마리를 풀어 나가는 작업이다. 풀어 나갈 때에는 응축된 것을 쉬운 말로 풀기도 하고, 예를 들어 풀기도 한다. 글쓰기는 이렇게 순서에 따라 하면 결코 어려운 작업이 아니다.

화제문에 따라 문단이 탄탄해지기도 하고 부실해지기도 한다. 응축적이고 상징적인 화제문은 툭툭 건드리기만 해도 다음 문장들이 튀어나올 정도로 문장 이어 가기가 쉽다. 그래서 문단이 다양한 이야기를 전개하는 데 도움이 된다. 응축적인 의미를 담지 못한 화제문은 이야깃거리가 없어서 빈약한 문단의 주인이 될 뿐이다.

화제문을 앞에 놓고 시작하면 나중에 혹시 시간이 없거나 종이가 모자랄 경우가 와도 문제없다. 꼭 해야 할 중요한 말을 앞에서 한 상태이기 때문에 당황하지 않는다. 그리고 중요한 화제문을 앞에 놓으면 할 말을 잊을 염려도 없다. 또 자신이 앞으로 무슨 말을 해야 할지 잊지도 않는다. 이런 이점 덕분에 화제문을 앞에 놓는 글의 형태가 유행하고 있다. 특히 백일장이나 논술 고사 같이 일정한 시간 안에 써서 평가받는 글에는 화제문을 앞에 놓는 것이 유리하다.

화제문이 문단의 초두에 나오는 것은 독자에게도 편리하다. 먼저 글의 핵심을 파악할 수 있기에 독해가 쉬워진다. 이런 방법은 독자가 연역적 사고를 기르는 데 도움이 된다. 화제문을 문단 마지막에 두거나 중간에 두는 방법도 있다. 마지막에 두는 것은 귀납적 사고를 유도하는 방식이다. 귀납적 문단은 쓰거나 읽을 때에 더 강력한 집중력과 창의력이 요구된다. 문단 쓰기를 배우는 초등학교나 중학교 때는 화제문이 앞에 놓이는 문단 읽기와 만들기가 더 쉽다.

이와 같은 방법으로 세 개의 키워드로부터 세 개의 화제문을 만들고, 세 개의 화제문으로부터 세 개의 문단을 만들고 나면 본문의 설계도는 완성된 셈이다. 이제 서론의 역할을 할 현관을 만들 차례다. 가끔, 본론에 무엇을 쓸 것인지를 결정하지 않고 무턱대고 서론을 쓰는 학생들이 있다. 이럴 경우 서론만 쓰다가 본론에 들어가 보지도 못하고 중도 하차하는 일이 생긴다. 본론이 집의 몸체라면 서론은 현관이다. 현관이란 집의 용도에 맞아야 하고 집의 모습과도 어울려야 한다. 그래서 서론을 쓸 때에는 본론의 얼개를 만들고 나서 그에 어울리는 서론을 쓰는 것이 좋다.

질문하라
- 첫 문장이 생각난다

글쓰기는 자석과 같다. 마음속에 들어 있는 생각들을 끄집어내는 자석이다. 그 자석에 가장 먼저 끌려 나온 생각이란 지금 쓰려는 이야기와 분명한 관련이 있다. 위대한 작가들도 말한다. 첫 생각을 존중하라고. 그것은 신이 주신 생각이라고. 정말 그럴까?

글을 써 본 사람이라면 누구나 알고 있다. 첫 생각이 나타나고 그 생각으로부터 글이 나오기 시작한다는 것을. 그 생각에 줄줄 끌려서 중요한 생각들이 나온다. 그때 첫 생각을 '에이, 시시해'라고 잘라 버리면 그다음 생각은 끌려 나오지 않는다.

첫 생각이란 무엇인가? 그것은 우리 마음속에서 가장 먼저 번쩍하고 타오른 불꽃이다. 그 불꽃같은 질문은 엄청난 잠재력을 가진 에너지다. 첫 생각은 신선하고 우리 내부에서 용솟음치는 무의식의 영감과 연결되어 있다.

사실 글쓰기 과정은 논리적이지 않다. 논리적 글인 논설문을 쓸 때조차도 글쓰기 과정은 비논리적이다. 글은 똑같은 모양의 틀에서 찍혀 나오는 국화빵이 아니다. 지금 내가 쓰고 있는 문장과 생각은 세상에 오직 하나밖에 없다. 이런 글을 만드는 과정을 어떻게 논리로 설명할 수 있을까?

첫 문장은 글의 첫인상이다. 3초 만에 독자가 그 글을 끝까지 읽느냐 마느냐를 결정한다. 이렇게 중요한 첫 문장을 쓰고 나면 다음에 이어 갈 내용이 생각난다. 그래서 첫 문장을 쓰면 반은 쓴 것이라는 말도 있다. 그만큼 첫 문장 쓰기는 힘들다. 그러나 첫 문장은 힘을 많이 들여 쓸 가치가 있다. 그것이 글의 인상을 결정하기 때문이다.

첫 문장은 짧은 것이 좋다. 독자심리학자들도 '첫 문장이 짧을수록 끝까지 읽을 가능성이 높다'고 말한다. 첫 문장은 제목의 분위기와 이어 가는 게 좋다. 제목과 따로 노는 첫 문장은 독자에게 혼란만 준다. 제목이 던진 이야기를 받아서 두 번째 문장처럼 쓰여진 첫 문장에서 독자는 미소를 짓는다. 첫 문장을 쉽게 쓰는 방법은 질문하는 것이다. 질문은 글쓰기로 들어가는 문이다. 예를 들어 '종교의 이름으로 전쟁하는 것은 타당한가?'라는 문제로 글을 쓰려고 할 때, 다음과 같은 질문을 던져 본다.

종교는 왜 존재하는가?

종교는 어떻게 시작되었나?

남의 종교를 무시하는 것은 온당한가?

종교의 이름으로 저지른 악은 용서받을 수 있을까?

이렇게 질문하다 보면 첫 생각이 떠오른다. 종교 전쟁에서 죽어가는 어린아이와 노인의 얼굴이 떠오르고, 남의 종교를 때려 부수고 자기들의 신에게 감사 기도를 드리는 피 묻은 손이 보이고, 각 종교에서 꼭 지켜야 할 계명으로 정한 '살인하지 말라'는 말이 떠오른다. 그러면서 아래와 같은 첫 문장이 써진다.

사람이 종교를 믿는 것은 악해지기 위해서가 아니라 선해지기 위해서다. 그런데 요즘 종교로 인하여 전쟁이 일어나고 있다.

질문에는 생각을 피어오르게 하는 질문이 있고, 생각을 죽이는 질문도 있다. 생각을 뭉게구름처럼 피어오르게 하는 질문은 대개 구체적이다. '구체적'이란 나와 관련 있거나 내 생활과 관련이 있을 때 생기는 감각을 담고 있는 친근한 질문이다. 예를 들어 '가을'이라는 제목으로 글을 쓰려고 할 때 자신에게 어떤 질문을 하면 구체적인 질문이 될까? '가을이면 왜 할머니가 생각날까?' 정도면 구체적인 질문이 된다. 반면에 '가을이란 무엇인가'는 추상적인 질문이다. 앞의 질문으로는 무언가 할 말이 떠오르지만 뒤의 질문을 하고 나면 답이 떠오르지 않아 답답할 것이다.

생각을 떠오르게 하는 두 번째 쓸 만한 질문에는 가벼운 질문이 있다. 가벼운 질문이란 머리를 찍어 누르는 스트레스성 질문이 아니라는 의미다. 가벼운 질문은 상상력을 향상시킨다. 만약 '엘리베이터'란 제목을 앞에 놓고 있을 때에 가장 가벼운 질문은 무엇일까? '엘리베이터를 맨 처음 만든 사람은 누구일까?'쯤 되지 않을까? '엘리베이터는 무엇으로 만들어졌나?'는 무거운 질문이다. 이런 질문을 하게 되면 스트레스가 더 심해질 게 틀림없다.

생각의 불꽃을 타오르게 하는 질문

1 손가락은 왜 다섯 개일까?

2 스님들은 왜 머리를 깎을까?

3 열매들은 왜 둥글게 생겼을까?

4 어릴 때 내 소원 중 이루어진 것은 무엇일까?

5 갓난아기를 보면 왜 누구나 미소를 짓게 될까?

시작은 궁금증으로

- 그래야 끝까지 읽는다

(a) 그 여자는 나에게로 비스듬히 걸어왔다.

(b) 그 여자는 서초구 양재동 K초등학교 교사였다.

(c) 학문이란 인간의 지위 상승에 한몫하기 때문에 예부터 부모들은 자식에게 학문을 가르치려고 대학 진학을 원했다.

문장 (a)는 에리히 마리아 레마르크의 소설 《개선문》의 시작 문장이다. 이 문장을 읽는 사람들은 시작 부분에서 글 속으로 쉽게 끌려 들어간다. 첫 번째 이유는 그 여자가 비스듬히 걸어왔다는 문장에서 생기는 궁금증 때문이다. 비스듬히 걸어왔다니 길을 대각선으로 걸어온 것일까? 아니면 몸이 한쪽으로 기우뚱한 채 걸어온 것일까? 아니면 그도 저도 아닌 표정이 밝지 않아서 기우뚱해 보인 것일까? 이 문장은 독자들의 상상력을 자극하고 '그 여자가 정상이 아닌 어떤 절박한 상태에 있다는 것'을 눈치채게 한다. 그래서 자신의 상상과 결과를 맞춰 보려고 소설 속으로 뛰어들게 된다.

문장 (b)는 어느 수필의 시작 문장인데 더 이상 읽고 싶지 않을 것이다. 궁금한 것이 하나도 없다. 이런 선생이야 어디든지 있다. 예문 (c)도 궁금증이 없어서 더 이상 읽지 않아도 좋을 것 같은 첫 문장이다. 이렇게 문장들은 각각 첫 문단을 이끌면서 글의 성격과 호감도를 결정한다.

학교에서 대청소를 할 때 1분단은 마룻바닥, 2분단은 복도, 3분단은 유리창 하고 역할을 정하는 것처럼 한 편의 글을 이루고 있는 문단들도 각각 맡은 일이 정해져 있다. 첫 문단은 이야기를 꺼내고 궁금증을 유발한다. 2문단은 예들 들거나 이유를 댄다. 3문단은 다른 예를 들거나 논증을 한다. 4문단은 예상되는 반론을 꺾을 수 있는 논리를 제기하거나 주위를 환기시키는 이야기를 꺼낸다. 5문단은 결론을 내리고 정리하는 결론 문단의 역할을 한다. 시작 문단의 역할 중에서 가장 중요한 것 네 가지를 제시하면 다음과 같다.

첫째, 호기심을 유발한다. 첫 문단 첫 행은 특히 호기심이 가득해야 한다. 그렇지 않으면 아무도 그 글을 읽어 주지 않는다. 독자가 첫 문단을 읽고 궁금증이 생겨 다음 문단을 읽도록 만들어야 한다. 호기심의 유발은 독자의 질문을 유발시키는 역할을 한다. 설명문은 지적 호기심을 일으키는 것이 좋고, 논설문은 문제 해결의 호기심을 일으키는 것이 좋다.

둘째, 글의 방향을 제시한다. 독자가 첫 문단에서 기대하는 것은 앞으로 글이 어떻게 전개될 것인가 하는 방향성이다. 독자는 첫 문단을 읽은 뒤 더 읽을 것인가 그만둘 것인가를 결정한다. 그래서 시작은 간결하고 명확하게 방향 제시를 할 수 있는 문장이 좋다.

셋째, 주제를 암시한다. 주제를 다 밝히는 것은 좋지 않다. 살짝 암시하는 것은 독자에게 글을 끝까지 읽게 하는 힘이 된다.

넷째, 심리적 안정감을 준다. 독자는 자신이 지금 읽고 있는 글에 대하여 신뢰를 갖기 원한다. 신뢰가 없으면 당장 집어치운다. 그러므로 시작 문단에서는 모든 사람이 사실이라고 인정하는 사건이나 이야기만 적어야 한다. 그러기 위해서는 과거에 일어난 유명 사건이나 최근에 주목받은 사건을 배치하는 것이 좋다. 사실인지 알 수 없는 내용을 배치하면 처음부터 애매모호한 입장이 되어 독자를 끌어들이지 못한다. 가끔 엉뚱한 유머로 시작하는 글이 있는데 이는 심리적 안정감을 주기에 적당하지 않다.

시작 문장이나 문단의 여러 유형

1 최근에 일어난 사건으로 시작한다.

예) 올봄에도 어김없이 제비가 찾아왔다.

2 과거의 유명한 사건으로 시작한다.

예) 1914년 오스트리아 황태자가 암살당했다.

3 예부터 내려오는 이야기로 시작한다.

예) '콩 심은데 콩 나고, 팥 심은데 팥 난다'는 속담이 있다.

4 특별한 경험으로 시작한다.

예) 초등학교 1학년 때 짝꿍이 나에게 말했다. "넌 왜 그리 못났니?"

5 위인들의 명언이나 일화로 시작한다.

예) 모든 초고는 쓰레기다. 헤밍웨이가 말했다.

6 내 주장으로 시작한다.

예) 불량 식품을 만드는 사람에게는 자기가 만든 것을 먹여야 한다.

7 질문-답변 형식으로 시작한다.

예) 자존감이란 무엇인가? 자신을 사랑하는 마음이라고 말하고 싶다.

결론은 대담하게

- 그래야 잊히지 않는 글이 된다

글은 저자가 썼지만 글의 주인은 독자다. 글을 써서 발표하는 순간부터 글은 저자를 떠나 독자의 소유가 된다. 글이나 책이란 독자가 감동을 받고 오랫동안 음미하게 될 때 가치를 갖고 좋은 글로 평가받는다. 읽자마자 잊히는 글은 실패작이다. 가치 있는 글을 쓰는 저자가 되기 위해서는 결론에 세심한 주의를 기울여야 한다.

(a) 이런 이유로 해서 사람은 항상 자신을 반성하고 고쳐 나가야 할 것 같다.

(b) 그러나 내가 주장한 것과 일치하지 않는 견해도 있을 수 있음을 밝

혀 둔다.

(c) 나에게 자유를 달라, 그렇지 않으면 죽음을 달라.

(d) 겨울이 오면 봄 또한 멀지 않으리.

위 예문들은 어떤 글의 결론 문단 중 가장 마지막 문장이다. 예문 (a)와 (b)는 둘 다 자신 없는 결론 문장이다. 이런 글을 읽고 나서 독자는 무슨 생각을 할까? 아마도 시간만 낭비했다고 후회하게 될 것이다. 그러나 예문 (c)와 (d)는 다르다. 예문 (c)는 1775년 미국 독립운동가 패트릭 헨리가 영국에 맞서 싸울 것을 호소했던 연설문의 마지막 구절이다. 이 연설이 많은 청중에게 오랫동안 잊히지 않은 이유는 마지막의 강인함 때문이다. 예문 (d)는 영국의 시인 퍼시 셸리의 시구다. 사상과 종교의 자유가 없던 시대에 셸리는 '겨울이 오면 봄 또한 멀지 않으리'라고 말함으로써 사상의 자유가 없는 시대가 사라질 것이라는 희망을 많은 사람들에게 새겨 주었다.

결론에서는 우물쭈물할 필요가 없다. 단호하고도 인상적인 말을 해서 이제까지 쓴 자신의 글에 대한 강력한 인상을 심어 주어야 한다. 글을 읽는 독자들도 결론 문단에 특별한 주의를 기울인다. 중간 내용은 대충대충 읽었을지언정 결론 문단에서는 무언가 오랫동안 잊히지 않을 핵심이나 가치를 얻기를 기대한다. 이런 독자의 기대를 저버리지 않는 것이 친절한 저자이며 사랑받는 저자의 조건이다. 마지막 문단 쓰기의 원칙을 제시하면 다음과 같다.

첫째, 글의 결론을 확실하게 내려 준다. 좋은 저자라면 독자의 기대를 저버리지 않아야 한다. 어떤 독자들은 첫 문단과 마지막 문단을 먼저 읽고, 마음에 들면 처음부터 다시 읽는 독자도 있다. 그만큼 마지막 문단에서는 확실한 정리가 필요하다.

둘째, 주요 개념들을 간략하게 되풀이한다. 친절한 결론 쓰기 방식이다. 일반적인 독자가 마지막 문단에 기대하는 것은 본론의 요약과 정리다. 교과서나 참고서처럼 교육에 사용되는 글에 이런 방식이 자주 쓰인다. 이럴 경우에 그 개념들이 제시되었던 순서를 그대로 따르면 매우 편안하고 친절한 결론이 된다.

셋째, 독자가 더 생각해 보아야 할 것을 제시한다. 독자가 오랫동안 음미하고 생각할 수 있는 화두를 하나 던지는 것이다. 일생 동안 잊지 못할 생각의 씨앗을!

넷째, 더 큰 세상으로 안내하는 결론을 제시한다. 지금 내리는 결론이 다른 더 큰 개념들과 어떻게 관련되는지를 독자에게 안내한다. 이런 결론은 학문 서적에 주로 이용된다. 어린 학생들이 소화하기에는 어렵지만 이런 글을 읽게 함으로써 훗날 그와 같은 결론을 쓸 수 있는 능력을 기르는 것도 좋다.

반면에 피해야 할 결론도 있다. 첫째가 '막판에 천사되기 결론'이다. 아이들 글을 보면 '그래서 나는 착한 사람이 되기로 결심했습니다' 식의 결론이 많다. 이런 결론은 어른을 기쁘게 하려는 아부성 결론으로 심사위원들이 가장 낮은 점수를 주는 글이기도 하다.

둘째는 '우물쭈물 결론'이다. 이런 결론은 자발적으로 쓴 글보다는 숙제로 쓴 글에서 발견된다. 처음부터 자기 생각이나 아이디어 없이 글을 쓰다 보니 이런 결말 없는 글이 된 것이다. 이런 글은 미완성 글로 평가받는다.

좋은 결론은 독자를 기분 좋게 하고 여운을 남기며 계속 곱씹어 보게 한다. 완벽한 종지부는 독자를 살짝 놀라게 하면서도 더없이 흐뭇하게 한다. 글의 마지막 문장은 맛있는 음식을 먹은 뒤의 디저트이고, 연극에서 주인공이 외는 마지막 대사와도 같다.

결론 문단의 역할

1 글의 결론을 강력하고 인상 깊게 제시한다.

2 글의 주요 개념을 간략하게 되풀이할 때는 보통 그것들이 제시되었던 순서를 그대로 따른다.

3 독자가 더 생각해 보아야 할 것을 제시한다.

4 더 큰 세상으로 안내하는 문장을 쓴다. 그래서 잊히지 않는 저자가 된다.

제목은 글의 문패
- 문패가 주인의 이미지를 만든다

두뇌학자들의 실험 결과에 따르면 우리가 처음 만나는 사람의 첫인상을 결정하는 데 3초면 충분하다고 한다. 그 일을 할지 말지를 결정하는 데도 5초가 걸리고, 어떤 책이나 글을 앞에 놓고 읽을지 말지를 결정하는 것도 1분이면 충분하다고 한다. 이런 연구 결과들을 입증이나 하듯이 '책은 제목 장사'라는 말이 출판계의 오래된 진실이다. 내용보다 제목이 매력적이어야 잘 팔린다는 것은 책을 만든 사람이나 읽는 사람이나 공감하고 있다. 그래서 책을 만들 때 저자와 출판사가 가장 공을 들이는 부분이 제목 짓기다.

정의 → 정의란 무엇인가

고래야 잘했다 → 칭찬은 고래도 춤추게 한다

황금 모자를 쓴 개츠비 → 위대한 개츠비

위 제목 중 왼쪽은 최초의 제목이고 오른쪽은 출판된 제목이다. 최초의 제목을 그대로 두었다면 과연 이 책들이 베스트셀러가 될 수 있었을까?

(a) 자연 보호

(b) 사람 위에 사람이 있어요.

(c) 지구가 병들고 있어요.

(d) 쓰레기를 함부로 버리지 맙시다.

(e) 숙제를 대신 해 준대요.

초등학교 3학년 어린이들이 쓴 글의 제목들이다. 백 명의 아이들 중에 글을 쓰기 전에 제목을 쓰는 아이들이 22%, 임시 제목을 쓰고 완성된 후에 제목을 고치는 아이들이 59%, 글을 다 쓰고 제목을 짓는 아이들이 15%, 기타가 4%였다. 기타는 제목을 고치고 고치다가 정하지 못하거나, 처음부터 정하지 못하고 글을 완성한 아이들이었다. 이처럼 아이들 역시 제목 짓기에 많은 고심을 한다.

'몸이 천 냥이라면, 눈은 구백 냥'이라는 속담이 있다. 나는 '글이 천 냥이라면 제목은 구백 냥'이라고 말하고 싶다. 그만큼 제목은 글의 가치를 높여 주기도 하고 낮추기도 한다. 그러나 제목의 원리를 알아 두면 제목 짓기가 한결 쉬워진다.

첫째, (a)처럼 직접 내용을 안내해 주는 제목이 있다. 일기, 수필, 독서 감상문, 시, 소설, 논설문, 위인전 등에서 이 원리를 따른 제목이 가장 많다. 제목만 보면 안에 무슨 내용이 써 있다는 것을 알게 되어 편리하다. 그러나 단점도 있다. 궁금증을 일으키지 못해 제목만 읽고 내용은 읽지 않을 확률이 높다.

둘째는 예문 (b)처럼 생각에 잠기게 하는 제목이다. 이런 제목들은 상징, 비유적 어휘를 사용하여 독자를 생각에 잠기게 한다. 일기나, 독서 감상문에 이런 제목을 붙이는 연습을 시키면 창의성이 향상되기도 한다.

셋째는 예문 (c)처럼 주제를 말해 주는 제목이다. 내용과 주제는 다르다. 내용이 몸이라면 주제는 정신이다. 그래서 가끔 작가들은 독자가 주제를 모를까 봐 제목에 주제를 넣기도 한다.

넷째, 반어법으로 시선을 끄는 제목이다. 가끔 글의 주제나 내용과는 반대인 제목이 있다. 이런 제목들은 주제를 더욱 강하게 각인시키려는 의도에서 나온다. 예를 들어 현진건은 '운수 나쁜 날의 이야기' 제목을《운수 좋은 날》로 정했다. 이런 제목은 반어법으로 글의 내용을 강조하는 역할을 한다.

다섯째, (d)처럼 교육성을 내포하는 제목이다. 이런 제목은 실용적인 글에 많이 쓰인다.

여섯째, 호기심형 제목이다. (e)처럼 독자의 호기심을 끌려는 의도를 가진 제목이다. 일명 마케팅 제목이다.

일곱째, 선동형 제목이다. '일어나 빛을 발하라' 같은 제목인데 정치 운동이나 종교 운동을 목표로 하는 서적에 자주 쓰인다.

여덟째, 엉뚱한 제목이다. 내용과는 아무 관계없는 제목으로 독자의 시선을 끌기 위한 제목이다. 예를 들어 제임스 M. 케인의 《우편배달부는 벨을 두 번 울린다》라는 책이 있다. 그런데 아무리 읽어 보아도 제목과 관련된 내용은 나오지 않는다. 이럴 경우 속았다는 느낌이 들기도 하지만 기억에 오래 남기도 한다.

독자의 눈으로 다시 읽기
- 숨어 있던 흠이 보인다

자기가 쓴 글을 고치기 위해서는 잠시 시간을 두고 다른 일을 하다가 읽어 보는 것이 좋다. 시간이 자신의 글에 거리를 두고 객관적으로 보는 법을 일러 준다. 그래야 자신이 아닌 독자의 눈으로 글을 볼 수 있게 된다. 마치 다른 사람의 글을 읽듯이. 그때 비로소 허점이 보이고 독자에게 환영받는 글로 고칠 수 있는 안목이 생긴다.

글을 쓰고 난 후에 느끼게 되는 뿌듯함은 계속 글을 쓰게 하는 에너지가 된다. 그러나 써 놓고 그 뿌듯함에 그냥 주저앉는다면 더 이상 발전은 없다. 더 높은 수준의 글쓰기를 위해서 치열한 다듬기 과정이 필요하다.

다듬기를 할 때 여섯 가지 큰 원칙이 있다. 첫 번째 원칙은 일정 시간이 지난 다음에 차분한 마음으로 다시 읽기다. 흙탕물도 시간이 지나면 맑은 물은 위로 올라오고 흙탕은 아래로 가라앉는다. 일정 시간이 지나야 흠이 보인다. 컴퓨터로 썼을 때에는 출력하여 보면 흠이 더 잘 보인다.

두 번째 원칙은 독자의 입장에서 보기다. 자신이 쓴 글을 지은이의 입장에서 보면 아무것도 보이지 않는다. 초등학생이 읽을 글이라면 초등학생 입장에서 보고, 학부모가 읽을 글이라면 학부모 입장에서 보고, 교사가 읽을 글이라면 교사 입장에서 보아야 한다. 독자의 입장에서 보면 무엇이 빠졌는지 보이고 고칠 부분도 보인다.

세 번째 원칙은 소리 내어 읽기다. 소리 내어 읽어야 문장 속에 음악이 들어 있는지 아닌지를 알 수 있게 된다. 읽을 때 귀를 간질이는 리듬이 들리면 좋은 글이다. 만약에 리듬이 들리지 않으면 왜 그런지 살펴보아야 한다. 또, 읽다가 숨이 차면 너무 긴 문장이다. 글쓴이가 숨이 차면 독자도 숨이 차다. 짧은 문장으로 고쳐야 한다.

네 번째 원칙은 고칠 때 문맥까지 고려하며 고치기다. 글 속의 단어나 문장은 하나하나 독립된 것이 아니라 전체의 일부분이다. 오탈자를 고칠 때, 단어를 바꿀 때, 문장을 고칠 때는 항상 전체의 맥락을 생각해 보아야 한다.

다섯 번째 원칙은 객관적인 평가를 받아 보는 것이다. 혼자 쓰고 혼자 고치는 글은 늘지 않는다. 성장하기 위해서는 객관적인 눈이 필요하다. 아이들의 경우 부모님, 친구, 선생님의 평가를 받는 것이 좋다. 가끔이라도 전문가의 평가를 받을 수 있다면 글쓰기 실력은 더욱 빠르게 향상된다. 전문가는 대상 어린이 한 사람이 아닌 수많은 학생들과 비교하여 지적해 준다. 그래서 신뢰도와 정확성이 확보된 평가를 받아 볼 수 있다.

여섯 번째 원칙은 지적받은 사항 중에 자신이 긍정하는 부분만 받아들이는 것이다. 어른이나 전문가에게 지적받았다고 해서 모두 고칠 필요는 없다. 자신이 수긍하는 부분만 고치면 된다. 지적을 당하면 아이들은 두 가지 부류로 나뉜다. 하나는 지적받은 대로 고치는 아이들이고, 다른 한 부류는 지적받으면 고개를 끄덕인 뒤 그냥 지나가는 타입이다. 이 두 부류 모두 글쓰기에 별다른 진전이 없고 실력도 늘 제자리걸음이다. 지적받은 내용 중에서 스스로 취사선택하고 자기 힘으로 고쳐 보아야 글쓰기 실력이 향상된다.

글다듬기 과정에서 해야 할 일

1 전체적인 검토

- 주제는 처음대로 잘 드러나는가?
- 각 문단은 제 역할을 하고 있는가?
- 논리가 바르지 못한 곳은 없는가?
- 문단의 통일성은 유지되고 있는가?

2 부분적인 검토

- 틀린 단어는 없는가?
- 타인을 비방한 곳은 없는가?
- 허위 사실을 적은 곳은 없는가?
- 맞춤법과 띄어쓰기는 바르게 되었는가?
- 자신이 자주 쓰는 버릇이나 습관은 없는가?

우리 아이 글에 날개를 달아 주는 피드백과 첨삭 기술

01 · 부모는 애독자

아이들은 독자 없는 글을 써야 하는 무명작가와 같다. 그냥 무명작가도 아니다. 평가라는 잣대를 손에 쥔 교사라는 특별한 독자를 염두에 두고 글을 써야 하는 주눅 든 무명작가다. 두렵고, 지루하고, 짜증나는 일이 아닐 수 없다. 그래서 어린 시절의 글쓰기는 고역이다.

독자 없는 글쓰기는 한밤중 어둠 속에서 춤추는 것과 다를 바 없다. 누군가 자신이 쓴 글을 읽어 주 는 사람이 있어야 신이 나고 의욕이 지속된다.

애독자는 누가 되어도 좋겠지만 부모만 한 사람이 있을까? 부모는 평가의 의무를 가진 선생님보다 푸근한 독자다. 특히 엄마는 논리적인 아빠보다 부드러운 독자다. 그리고 약간의 경쟁의식이 있는 형제자매나 친구보다 따듯한 독자다. 그런 엄마가 애독자가 되어 준다면 아이의 글쓰기는 천군만마를 얻은 장군처럼 기세 좋게 달릴 수 있을 것이다.

좋은 애독자가 되려는 부모가 지킬 첫 번째 규칙은 다음과 같다.

첫째, 미소를 짓거나 고개를 끄덕이며 읽는다. 부모의 이런 관심과 긍정의 작은 제스처는 아이에게 용기를 준다. 만족스럽지 못한 글이라고 얼굴을 찡그릴 필요는 없다. 아이에게 '부모는 애독자'라는 것만 믿게 해 주면 된다. 확실한 내 편인 애독자를 가진 아이는 행복한 글쓰기 환경 속에서 즐거운 글쓰기를 계속할 수 있다.

둘째, 철저하게 아이의 수준에서 읽는다. 아이의 눈으로 세상을 보고 아이의 입으로 표현한 것을 느끼며 읽는다. 그러면 어떤 글에서도 미소가 흐르게 된다.

셋째, 고쳐 주거나 흠을 잡지 않는다. 애독자 단계의 읽기는 평가를 하지 않는다. 그냥 읽고 흐뭇해할 뿐이다, 확실한 애독자로 인정받는 일은 다음의 피드백 과정을 순조롭게 한다. 아이에게 확실한 애독자로 인정받지 못하면 피드백의 다음 단계를 진행할 수 없게 된다.

02 • 부모는 댓글부대

'부모는 나의 애독자' 라는 신뢰를 얻으면 이제 댓글을 쓸 단계다. 댓글은 애독자 시대보다 좀 더 적극적인 피드백 형태다. 말로 하는 댓글보다는 글로 하는 댓글이 더 효과적이다. 말은 연기처럼 사라지지만 글은 영원히 남는다. '내가 너를 사랑했다'는 말은 허공으로 사라지지만, '너를 키우며 쓴 육아 일기'는 영원히 남아서 두고두고 사랑을 각인시키는 역할을 한다.

인터넷이나 SNS에 글을 쓰는 사람들은 은연중에 '좋아요'라는 반응을 기대한다. '좋아요'가 많을수록 의기양양해지고 글쓰기가 즐거워진다. 요즘에는 '좋아요'를 달아 주는 댓글 부대를 거느린 인플루언서들이 인터넷상에서 스타가 되고, 출판계의 스타 자리까지 거머쥐는 예가 종종 보인다. 반면에 내가 쓴 글에 아무도 댓글을 달아 주지 않으면 글쓴이는 멋쩍어서 슬며시 퇴장하게 된다.

집에서 쓰는 글쓰기도 마찬가지다. 댓글로 반응을 보여 주어야 한다. 말하자면 댓글은 적극적인 피드백의 시작이다. 부모가 읽었다는 간단한 표시에서 시작하여 아이를 바람직한 방향으로 이끌어 가는 교육까지 포함되는 피드백이다. 그러나 댓글이 읽었다는 표시보다 교육성이 앞서가면 실패한다. 아이들은 교육적인 냄새가 풀풀 나는 댓글은 읽지 않는다. 멋진 댓글을 쓰려는 부모들이 기억해야 할 규칙은 다음과 같다.

첫째, 가볍고 짧게 쓴다. 잔소리가 아니라 생각을 쓰면 가벼운 글이 된다. 그리고 가벼운 댓글이 되려면 분량이 짧아야 한다. 처음부터 무겁고 긴 댓글을 받으면 아이는 거부감을 느낀다. '오늘 멋진 생각을 했네', '오늘 그런 일이 있었구나' 등등 가볍고 짧은 반응이 아이들을 댓글로 빠져들게 한다.

둘째, 구체적으로 쓴다. 댓글에 전문적인 지식을 담을 필요는 없지만 알맹이가 없는 댓글도 금물이다. 예를 들어 '참 잘했어요!'와 같은 댓글은 별로 도움이 되지 않는다. 무엇이 잘 되었는지를 밝혀야 한다. 아이의 생각, 아이디어, 표현 같은 것을 구체적으로 지적하며 칭찬해야 한다.

셋째, 과도한 칭찬을 하지 않는다. 한때 '칭찬은 고래도 춤추게 한다'는 말이 유행했다. 그래서 "너는 똑똑해", "너는 천재야" 등의 무조건적인 칭찬이 아이들에게 쏟아졌다. 이런 경우, 아이들은 자신감보다는 자만심을 갖게 되어 핑크빛 미래만 꿈꾸게 된다. 그러나 인생에는 핑크빛 행복만 있는 것은 아니다. 누구에게나 시련은 온다. 이때 과도한 칭찬으로 자란 아이들은 더 쉽게 절망하고 더 쉽게 무너진다. 그래서 심리학자 알프레드 아들러는 '과도한 칭찬은 독'이라며 칭찬이란 '노력에 의해 지난번보다 나아졌을 때에만 해야 한다'고 충고한다.

넷째, 교육적인 댓글은 질문 형태로 쓴다. '핵심이 빠졌네', '이렇게 하면 안 돼'와 같은 댓글은 최악이다. 아이의 글에서 흠을 발견했을 경우에는 '정말 그럴까?', '왜 그럴까?' 등등 질문 형태의 댓글을 쓰면 아이가 다시 생각하고 스스로 발전할 기회를 얻게 된다.

다섯째, 쓸 말이 없을 때는 요약하기로 댓글을 대신할 수 있다. '그러니까 우정이 중요하다란 말이구나'처럼 요약만 해도 훌륭한 댓글이 된다.

여섯째, 맞춤법에 딱 맞는 댓글을 단다. 맞춤법에 맞지 않는 댓글은 역효과를 낸다. 부모가 쓴 것이 맞는 줄 알고 그대로 따라 쓸 경우도 있고, '엄마 아빠도 틀리는데 뭐' 하며 맞춤법을 대수롭지 않게 여기는 계기가 되기도 한다. 그래서 댓글을 달아 놓고 부모는 자신의 글이 맞춤법에 맞는지 꼭꼭 확인해야 한다.

03 • 부모는 질문쟁이

지금 우리가 어떤 사람인지는 어린 시절에 부모로부터 받았던 질문들과 관련이 있다. 어린 시절에 듣는 질문에는 마음과 생각의 방향을 유도하는 힘이 숨어 있기 때문이다.

미국의 '올바른 질문 연구소'의 대표인 댄 로스스타인 박사의 말이다. 그는 '질문이란 몰라서만 묻는 말이 아니다. 질문 속에는 상대방을 조정하는 힘이 숨어 있기 때문에 부모라면 누구나 올바른 질문법을 익혀야 한다.'고 주장한다.

훌륭한 피드백을 하고 싶은 부모들도 질문과 친해야 한다. 질문은 생각의 문을 열어 주는 열쇠다. 그래서 글쓰기를 하려는 사람들은 먼저 자신의 두뇌를 생각 모드로 전환해야 한다. 이때 질문이 필요하다. 어른들은 스스로 질문을 해서 생각 모드로 전환할 수 있지만 성찰의 태도를 아직 기르지 못한 아이들에게는 부모가 질문해서 생각의 문을 열어 주어야 한다.

올바른 질문을 하고 싶은 부모라면 다음과 같은 방법을 기억하는 것이 좋다.

첫째, 쓸거리를 찾을 때는 되물어 보기 질문을 한다. 글쓰기를 싫어하는 아이들 중에는 쓸거리가 없는 아이들이 대부분이다. 이때 아이에게 "아무거나 네 마음대로 쓰라"고 말하는 것은 무책임한 행동이다. 아이에게는 "바다에서 바늘을 찾아보라"는 주문으로 느껴질 것이다. 이때 '되물어보기 질문'을 하면 해결된다. "요즘 궁금한 게 뭐니?", "무슨 생각을 자주 했니?" 등등. 이런 되물어 보기 질문은 아이가 글쓰기의 범위와 주제를 정하는 데 도움을 준다.

둘째, 힌트를 주고 싶을 때는 작은 질문을 한다. 예를 들어 "숙제하고 놀 때와 놀고 숙제 할 때의 기분은 어떻게 다를까?"는 작은 질문이다. 이런 질문은 뇌를 즐겁게 하고 금방 그것을 소재로 글을 쓸 수 있다. 반면에 "우주에 대해 생각해 본 적 있니?" 와 같은 큰 질문은 뇌를 무겁게 하고 따라서 실천력도 떨어진다.

셋째, 티칭형 질문보다 코칭형 질문을 한다. 티칭형 질문은 답을 가르쳐 주는 주입식 질문이고, 코칭형 질문은 스스로 답을 찾아보게 하는 사고형 질문이다. "1+2는 3인가 5인가?"와 같은 질문은 티칭형 질문이다. 질문 속에 답이 들어 있어서 아이는 찾기만 하면 된다. 반면 "1+2는 얼마가 될까?"는 코칭형 질문이다. 이런 질문을 받은 아이는 스스로 생각을 해서 답을 알아낸다. 코칭형 질문은 아이의 생각 탱크를 열어 주는 역할을 한다.

04 · 부모는 코치

독서와 글쓰기에도 코치가 필요하다. 그런데 그 코치가 안목이 없고 실력도 없다면 무슨 소용일까? 유능한 코치가 되기 위해 부모들이 길러야 할 능력은 다음과 같다.

첫째, 동기부여의 달인이 되어야 한다. 동기부여가 안 된 아이들이란 '물가에 끌고 갔는데도 물을 먹지 않는 말'처럼 배우는 데 한계가 있다. 글쓰기를 지도할 때에는 '왜 글을 잘 써야 하는지'를 인식하고, 글을 잘 쓰고 싶다는 간절한 소망을 품게 하는 것이 중요하다. 특히 글을 잘 써서 성공한 인물들의 실제 사례를 알려 주는 일은 아이들에게 글쓰기 동기를 부여하는 데 효과적인 방법이다.

둘째, 비평 실력을 길러야 한다. 훌륭한 글쓰기 코치가 되기 위해서는 비평 실력을 길러야 한다. 비평이라는 말 속에는 잘잘못을 가려낸다는 뜻이 들어 있다. 글의 흠만 찾아내는 것은 비평이 아니다. 잘된 곳, 잘못된 곳을 지적하는 역할을 하는 사람이 비평가다. 잘못만 지적하면 글쓴이를 좌절시키고, 잘된 곳만 말하면 자만심을 키워 준다. 비평가는 공정해야 한다. 공정한 비평의 핵심은 다음과 같다.

- 글에 핵심이 보이는가?
- 메시지는 명료하게 드러나는가?
- 메시지를 논리 정연하게 배열했는가?
- 딱 맞는 단어를 선택했는가?
- 문장 표현은 적절하고 흥미로운가?

셋째, 전문가를 만날 기회를 잡아 준다. 부모가 비평가가 되어 열심히 지도하더라도 한계가 있다. 일반적으로 부모들은 글쓰기 전문가가 아닌 경우가 많기 때문이다. 이럴 경우 아이에게 전문가를 만날 기회를 제공해 주는 것도 좋은 방법이다.

가끔 대형 서점 같은 데서 작가 사인회가 열린다. 아이를 데리고 이런 사인회에 참석하는 것도 좋은 방법이다. 그리고 작가와 사귀어서 아이의 글을 이메일로 보내고 평을 받아 보는 방법도 있다. 일생에 한 번이어도 좋다. 이런 기회는 어린이가 자기 글을 보는 안목을 넓고 높게 만들어 주고, 우물 안 개구리를 벗어나게 해 준다.

넷째, 글짓기 대회에 참가하는 방법도 있다. 글짓기 대회는 객관적으로 글쓰기 실력의 우열을 가리는 기회다. 이런 대회에 한 번 나가 보면 스스로를 발견하게 된다. 큰 대회에서 평가받는 일은 아이의 성장에 도움이 된다. 당선되면 더 좋고, 낙선해도 좋다, 자기 실력을 객관적으로 알 수 있는 기회를 갖는 것이 중요하다.

05 · 우리 아이, 맞춤법과 친구 되기

지민이는 쪼간 웃긴다.

얌체 친구가 젤로 시러

난 우리 반 얼짱이지롱

내 남친은 웃기는 짬뽕이지염 ㅋㅋㅋㅋㅋ

초등학생들이 많이 들어가는 인터넷 대화방에서 펴 온 글이다. 대학생이나 대학원생들이 들어오는 토론방에 들어가 보아도 맞춤법 수준은 비슷하다. 대화의 내용을 보면 전문적인 용어를 쓰고 자기 생각을 주장하는데, 문장은 위의 아이들과 비슷한 수준이다. 이런 글을 보면, '로마에 가서는 로마법을 따르라'는 옛말을 따서 '인터넷에서는 그게 법인 줄 알고 저러는 건 아닐까' 하는 엉뚱한 생각도 든다.

문제는 맞춤법에 맞지 않는 문장을 오래 동안 쓰게 되면 습관이 된다는 데 있다. 익명으로 쓰는 글쓰기라고 잘못된 문장을 함부로 쓰다 보면 '집에서 새는 쪽박은 들에서도 새는' 격으로 공식적인 글쓰기에도 튀어나오게 된다.

맞춤법을 모르면서 좋은 글을 쓰려는 사람들이 있다. 이것은 난센스다. 좋은 음식을 깨진 그릇이나 더러운 그릇에 담아내는 격이다. 좋은 글을 쓰려면 맞춤법은 기본이다. 무슨 일이나 그렇듯이 기본을 모르고서야 한 발짝도 앞으로 나갈 수 없다. 기본을 알아야 재능도 는다. 아무리 훌륭한 생각이 떠올라도 문장 만드는 방법이 서툴다면 그가 쓴 글은 고장 난 바퀴를 단 자동차처럼 초라한 꼴이 될 수밖에 없다.

아이들에게 어떻게 그 딱딱한 맞춤법을 재미있게 익혀 줄 수 있을까? 다음은 실험 그룹을 통하여 얻어 낸 결과다. 아이와 함께 연습하면 좋은 효과를 얻을 수 있다.

첫째, 맞춤법에 맞는 글을 읽을 기회를 많이 제공한다. 좋은 글을 읽어야 좋은 글이 나온다. 맞춤법에 맞는 글을 읽어야 맞춤법에 맞는 글을 쓴다. 맞춤법은 일정한 규칙이 있는데 그것을 이론으로 배우는 방법은 매우 어렵다. 나의 실험 결과, 맞춤법을 이론으로 배운 아이들보다 맞춤법에 맞는 글을 많이 읽은 아이들이 더 맞춤법을 잘 알았다.

둘째, 잘못된 글을 아이와 함께 고쳐 본다. 잘못된 글을 찾을 때는 아이들의 글에서 찾는 것이 좋다. 이런 활동은 아이들에게 맞춤법에 관한 각성과 아울러 관심을 갖게 해 준다.

셋째, 또래 친구들과 틀린 맞춤법 찾기 게임을 한다. 학교나 동네에서 친구들과 편을 짜서 자신들이 쓴 글 속에서 맞춤법에 맞지 않는 곳을 찾아내는 게임을 한다. 지기 싫어하는 아이들의 속성 때문에 효과가 매우 빠르다.

넷째, 신문, 잡지, 책, 간판 같은 것에서 맞춤법에 맞지 않는 곳을 찾아내면 상을 준다. 이 활동은 맞춤법 지킴이 역할을 겸하게 되고, 아이들에게 자부심을 갖게 한다. 배우들은 비슷한 역할을 오래 맡으면 성격과 이미지가 고정된다고 한다. 그래서 배우들은 일류 배우가 되기 위해 다양한 역을 원한다고 한다. 성장기에 있는 어린이들은 더더욱 그렇다. 학교에서 봉사 활동을 강조하는 것이 봉사하는 사람을 만들기 위한 것처럼, 맞춤법 지킴이 역할은 맞춤법 도사로 만들어 준다.

초등학생들이 잘 틀리는 맞춤법

1 '쉼표'는 끊어 읽어야 할 곳에 찍는다.

2 '가운뎃점'은 동일한 나열을 할 때 찍는다.

3 '~들'은 복수 명사 뒤에는 붙이지 않는다.

예) 여러 사람들 → 여러 사람

4 무정물에는 '에', 유정물에는 '에게'를 쓴다

예) 복지 단체에게 쌀을 보냈다. → 복지 단체에 쌀을 보냈다.

예) 독일 국민에 고함 → 독일 국민에게 고함

06 · 우리 아이 표절 위험에서 구하기

요즘 사람들은 모르는 것이 있을 때에 인터넷 검색부터 한다. 인터넷에 누군가가 써 놓은 글이 나오면 그것을 답이라고 믿고 사용한다. 아이들은 학교 숙제 같은 것을 할 때에도 인터넷을 뒤져 답을 찾아낸다. 심지어 '숙제를 해야 하는데 이러이러한 것을 아는 사람은 답을 좀 써 달라'는 부탁까지 한다. 그러고는 누군가가 달아 준 답을 쓱 복사해서 숙제를 대신한다. 이는 매우 위험한 일이다.

첫째, 남의 지적 재산을 무단 사용하는 일이기에 표절자가 된다. 그 사람이 쓴 지식이나 정보는 그 사람의 지적 재산이다. 물적 재산을 훔치면 절도가 되고, 지식이나 아이디어를 훔치면 표절이 된다. 표절이 얼마나 부끄럽고 무서운 범죄인지는 가끔 신문지상을 달군 사건을 보면 알 수 있다. 유명한 작가의 표절 문제, 유명한 학자의 표절 문제가 불거지면 그 작가나 학자는 도태되고 만다.

둘째, 인터넷에서 얻은 지식이나 정보는 오류일 가능성이 높다. 비전문가가 써 놓은 글을 보고 베끼는 것이기에 잘못된 정보일 가능성이 매우 높다. 인터넷상에는 이런 정보들이 무수히 떠다닌다. 아이들은 스스로 공부하지 않고 이런 정보를 찾아 사용하면서 자기 지식으로 착각하기도 한다. 이런 풍토와 분위기 속에서 요즘 아이들은 예전의 아이들보다 표절을 쉽고 장난스럽게 배운다. 무서운 일이 아닐 수 없다.

부모가 완벽한 피드백을 해 주는 코치가 되려면 아이를 표절 위험으로부터 차단해야 한다. 그러기 위해서는 다음과 같은 노력이 필요하다.

첫째, 내 글과 남의 글을 구분하는 태도를 길러 준다. 어린이 글짓기 대회에서 심사를 하다 보면 남의 글을 자기 글인 양 써내는 아이들을 종종 보게 된다. 어떤 아이는 '암만 배가 고파도 느릿느릿 먹는 소, 비가 쏟아질 때에도 느릿 걷는 소'라는 윤석중 선생님의 동시 '소'를 그대로 써냈다. 왜 그랬느냐고 물었더니 '내가 쓴 건데…'라며 고개를 갸웃거렸다.

이런 현상은 내 글과 남의 글에 대한 구분을 명확하게 하지 못할 때 일어난다. 내 글과 남의 글을 구분하는 능력은 어릴 때부터 길러야 한다. 아이가 모르고 표절했을 때에는 즉시 지적해 주는 것이다. '바늘 도둑이 소 도둑 된다'는 속담처럼 하나둘 그냥 넘기다 보면 표절에 대한 감각이 무디어져서 큰 표절자가 된다.

둘째, 남의 글을 사용할 때 인용 부호 사용하는 습관을 길러 준다. 그렇다고 내 글 속에 오롯이 내 글만 들어갈 수는 없다. 때로는 남의 글을 인용해야 할 경우도 생긴다. 이럴 경우, 인용 부호 쓰는 원리를 가르쳐 주자. 남의 글이나 말을 그대로 옮길 때에는 직접 인용법인 큰따옴표 안에 넣는다. 그리고 메시지는 그대로이지만 표현을 바꿨을 경우에는 간접 인용법인 작은따옴표 안에 넣으면 된다.

셋째, 남의 글 베껴 쓰기는 표절 위험을 높인다. 잘 쓴 글을 보면 베끼고 싶은 충동을 느낀다. 나도 그렇게 쓰고 싶기 때문이다. 여기까지는 누구나 다 경험하는 일이고 자연스러운 현상이다. 다만 문제가 되는 것은 문장 공부를 하기 위해 다른 사람의 책을 그대로 베끼는 작업을 일부러 하는 일이다. 시중에는 문장 공부를 하려면 베껴 쓰라고 권하는 책도 보았다. 어떤 작가는 다른 작가의 책을 몽땅 노트에 베끼는 것으로 문학 공부를 했다는 고백을 하는 것도 들었다.

그러나 이것은 위험천만한 일이다. 아무리 일류 작가의 주옥같은 글이라도 베껴 쓴다는 것은 바람직하지 않다. 베껴 쓰다 보면 나중에는 그것이 마치 내 글인 양 착각하게 된다. 그래서 먼 훗날 그냥 내 글처럼 기억 속에서 술술 나오게 되고 표절 시비에 걸리게 된다.

작가나 학자들이 표절 의혹에 휩싸였을 때 한결같이 하는 말이 있다. '몰랐다' '기억나지 않는다'이다. 이는 오래전에 두뇌 속에 들어간 글이 다시 나올 때는 흡사 내 것처럼 느껴지는 현상 때문이다.

KI신서 8762

공부머리를 완성하는 초등 글쓰기

1판 1쇄 인쇄 2019년 11월 4일
1판 1쇄 발행 2019년 11월 13일

지은이 남미영
펴낸이 김영곤
펴낸곳 (주)북이십일 21세기북스

출판사업본부장 정지은
실용출판팀 이지연 조유진 **디자인** 강수진
출판영업팀 한충희 김수현 최명열 윤승환
마케팅2팀 배상현 김윤희 이현진
제작팀 이영민 권경민

출판등록 2000년 5월 6일 제406-2003-061호
주소 (10881) 경기도 파주시 회동길 201(문발동)
대표전화 031-955-2100 **팩스** 031-955-2151 **이메일** book21@book21.co.kr

(주)북이십일 경계를 허무는 콘텐츠 리더

21세기북스 채널에서 도서 정보와 다양한 영상자료, 이벤트를 만나세요!
장강명, 요조가 진행하는 팟캐스트 말랑한 책 수다 〈책, 이게 뭐라고〉

페이스북 facebook.com/jiinpill21 **포스트** post.naver.com/21c_editors
인스타그램 instagram.com/jiinpill21 **홈페이지** www.book21.com
유튜브 youtube.com/book21pub

서울대 가지 않아도 들을 수 있는 명강의! 〈서가명강〉
네이버 오디오클립, 팟빵, 팟캐스트에서 '서가명강'을 검색해보세요!

ISBN 978-89-509-8418-2 03370

- 이 책은 《우리 아이, 즐겁게 배우는 생활 속 글쓰기》의 개정판입니다.
- 책값은 뒤표지에 있습니다.